Dirigeants/Salariés

Les liaisons mensongères

Éditions d'Organisation
1, rue Thénard
75240 Paris Cedex 05
Consultez notre site :
www.editions-organisation.com

© Éditions d'Organisation, 2004
ISBN : 2-7081-3162-1

Gérard PAVY

Dirigeants/Salariés

Les liaisons mensongères

Éditions
d'Organisation

Sommaire

Sommaire

PARTIE II

Patron obsessionnel, patron hystérique

PARTIE III

Restaurer la confiance :
l'entreprise apprenante

Préface

*« Je pleure pour Narcisse, répondit le lac…, parce que,
chaque fois qu'il se penchait sur mes rives, je pouvais voir,
au fond de ses yeux, le reflet de ma propre beauté. »*

L'Alchimiste, *P. Coelho*

La révélation

Les enseignements de l'iceberg

Narcisse se regarde dans l'eau d'un lac et y contemple son reflet.
Ce qu'on a oublié de préciser, c'est qu'il faisait très froid et que
Narcisse n'était pas seul ; un iceberg l'observait en silence. Nous
vous restituons ci-dessous cette partie du mythe disparue.

« Regarde mon image dans l'eau, Narcisse, se risque l'iceberg, tu vois, je
suis un peu comme toi, je me prolonge dans l'eau par mon image, mais
cette image est aussi bien réelle. »

Narcisse fit une moue trahissant sa curiosité devant le phénomène et
l'iceberg continua ainsi :

« Je suis très connu chez les hommes, je les fascine pour ma partie
cachée. Ils me reprochent d'avoir coulé, avec mon éperon immergé, l'un
de leurs plus majestueux navires. Ma partie visible ne fait qu'un cinquième
de mon corps. Les organisations, comme les icebergs, ont une partie invisible. Dirigeants et salariés, cependant, ne voient de l'organisation que
l'image qu'ils aimeraient qu'elle leur renvoie. »

Narcisse fut de plus en plus intrigué. L'iceberg poursuivit :
« Chacun imagine que l'autre fonctionne comme soi. »

Et Narcisse d'acquiescer, tout en ajoutant cette conclusion elliptique :
«…d'accord, mais je commence à comprendre que j'ai, d'abord, beaucoup à apprendre sur moi-même. »

Avant d'aller plus loin, il est important de réaliser un test pour être sûr que nous ne vous faisons pas perdre votre temps. De fait, certaines approches du management rendent totalement superflus les travaux de ce livre et font passer pour d'aimables et inutiles ratiocinations nos préventions sur les idées reçues en matière de management.

Voici le test.

Le maniement subtil, par l'excellent Robert de Niro dans son rôle d'Al Capone[1], de la batte de base-ball pour rappeler à l'ordre un collaborateur indélicat, constitue-t-il, pour vous, l'horizon indépassable de l'efficacité managériale ? Si oui, ce livre risque de vous ennuyer. Si au contraire vous subodorez quelques inconvénients sous-jacents à cette méthode spectaculaire, il y a de fortes chances que vous ne puissiez plus le quitter des yeux.

Donc continuons.

Transformer une sorcière en bimbo

Nos entreprises présentent un léger inconvénient : elles ne peuvent fonctionner que si chacun respecte un certain nombre de contraintes.

Or, que recherche tout individu : préserver et développer son autonomie ! C'est la contradiction première qui préside à toute forme d'organisation. Les intérêts des uns et des autres ne sont pas nécessairement convergents.

---

1. In *Les incorruptibles,* film de Brian de Palma.

Prenons le cas de la mise en place d'une nouvelle solution (informatique, organisation, procédure, processus). Ce nouveau projet contient certes des avantages pour les individus concernés, mais ce qui est immédiatement perceptible, ce sont les contraintes supplémentaires. Et même si le manager fait des efforts pour impliquer son équipe dans la mise en œuvre du changement, il n'est pas question de valider des modifications qui remettraient en cause les fondamentaux de la solution retenue. Tel est le paradoxe de toute démarche de management.

Les experts en management, comprenant que le management participatif ne peut s'extirper de ce paradoxe, sortent du chapeau la solution miracle : transformer le manager aux traits fatigués et à la mine grise, en leader charismatique et dynamique capable par son sourire rayonnant de rallier à la solution les cadres et salariés les plus dubitatifs. Autant chercher à transformer une vieille sorcière en séduisante bimbo.

La mobilisation des hommes autour du changement en entreprise serait-elle une mission impossible ? Certes non. Mais, il nous paraît indispensable de creuser plus profondément les causes de ces blocages, car on paie toujours au prix fort, après coup, les arrangements avec la réalité.

Faire tomber les mécanismes de défense

Sur ces chemins jalonnés d'ornières et de fausses pistes, il nous faut des garants méthodologiques pour avancer.

La sociologie constitue un instrument utile d'investigation. Elle part de l'observation des symptômes et de l'analyse des comportements – tels qu'ils sont et non tels qu'on voudrait qu'ils soient – pour en découvrir la logique sous-jacente. Cette méthode permet de révéler la partie immergée de l'iceberg quand notre pensée managériale commune s'arrête, comme nous le verrons, à la partie émergée. Elle joue donc ce rôle essentiel de nous dégager de certains filtres qui conditionnent notre regard.

La sociologie suggère également des démarches de changement, donc des « pistes » pour avancer et résoudre les problèmes. Elles passent toutes par la réconciliation entre les deux parties de l'iceberg, entre dirigeants et salariés. L'organisation de cette rencontre reste un exercice périlleux. Le sociologue peut avoir le sentiment de jouer aux apprentis sorciers.

Pourquoi les entreprises résistent-elles au changement ? Pour faire simple, la réaction des uns et des autres a tout du « mécanisme de défense ». Ceux-ci ont fait l'objet d'études approfondies sur lesquelles nous pouvons nous appuyer[1]. Si leur présence est bien confirmée, alors, ils ouvrent aussi la voie vers une autre discipline, la psychanalyse[2] qui sera notre deuxième instrument d'investigation.

Quand ces mécanismes de défense fonctionnent au niveau de l'organisation, ils font partie intégrante de la culture d'entreprise. Ils agissent comme des filtres sur les comportements, les raisonnements et les choix des dirigeants et des salariés et renforcent les résistances aux changements. Il existe des cultures capables d'identifier ces filtres pour les faire tomber : on les appelle les cultures ou organisations apprenantes.

Ce livre s'adresse à toutes les personnes qui s'intéressent au fonctionnement des entreprises. Il aborde plus particulièrement le mode de fonctionnement des dirigeants et propose des axes de réflexion pour développer une culture d'apprentissage.

Le lecteur pourra être surpris par l'utilisation extensive de notions tirées des sciences humaines et assez rarement appliquées aux organisations. Il pourra aussi s'étonner de certaines tentatives de généralisation à partir de matériaux limités. Nous avons conscience que ces chemins sont encore approximatifs et mériteraient d'être mieux balisés. Les champs à investiguer sont immenses et l'exploration passionnante.

---

1. Voir, par exemple, Chris Argyris, *Knowledge for action*, Jossey-Bass, 1993.
2. Voir aussi, Anna Freud, *Le moi et les mécanismes de défense*, Puf, 2001.

Remerciements

À Linda

Ce livre n'aurait pas vu le jour sans un certain nombre de rencontres très fructueuses. Je souhaite remercier chaleureusement Dominique Bailly (direction des ressources humaines, La Poste), Christian Braconnier (EDF-GDF), Sabine Broddes (psychanalyste), André Cahagne (directeur général, La Mondiale), Jacques Cheneau (psychanalyste), Jean-Yves Guillain (consultant et sociologue), Laurent Guillot (directeur du Plan, Saint-Gobain), José Milano (direction des ressources humaines, Axa), Bruno Parent (directeur général des Impôts), Patrick Ricard (président-directeur général, Pernod-Ricard), Jean-François Rio (directeur des affaires sociales, Bristol Myers Squibb), Patrick Sagazan (direction des ressources humaines, SNCF), Jean-Pierre Tirouflet (ancien président-directeur général, Rhodia).

Et je remercie, les personnes rencontrées au cours d'interventions, de séminaires ou d'enquêtes en entreprise, et qui, au travers d'entretiens et d'échanges, m'ont permis d'approfondir la dynamique des organisations et de poser ainsi quelques certitudes, notamment, à l'Assistance Publique des Hôpitaux de Paris, à l'ESSEC Management Education, au MBA d'HEC, au ministère de la Santé et à la DGI, à la Société Générale, à la Snecma, et chez Thalès.

Désir contre désir

1. Blocages et explications à répétition : le ron ron

Depuis vingt ans, toutes les entreprises, rejointes plus récemment, même si c'est encore timidement, par les administrations, déploient des trésors d'énergie pour impliquer leurs collaborateurs. Communication des objectifs stratégiques, projets d'entreprise, participation, *empowerment,* valorisation des compétences, gestion de carrières, ciblage des hauts potentiels… Bien que les entreprises s'en défendent, le résultat n'est visiblement pas au rendez-vous.

Ces mesures ne sont pas néfastes mais semblent avoir peu d'impact sur le fond du problème. Et c'est pourquoi, très régulièrement, une nouvelle vague de pratiques managériales s'impose en chassant la précédente, sans pour autant atteindre les objectifs visés.

Le changement se heurte systématiquement à des résistances. Et quels que soient les efforts mis en œuvre pour prévenir les blocages, notamment de la part des ressources humaines, ils restent sans effet.

Connaissez-vous cette devinette ?

« Savez-vous pourquoi les indiens qui habitent près des chutes du Niagara ont tous les oreilles décollées et le front enfoncé ? Parce que chaque matin, en se levant, ils tendent l'oreille pour savoir quel est ce bruit qu'ils entendent au loin et ils se frappent le front de soulagement en réalisant que ce sont les chutes du Niagara. »

Je crois que les entreprises vont bientôt présenter les mêmes caractéristiques à force de rejouer leurs crises. Tous les matins, les mêmes blocages appellent les mêmes explications.

2. Des salariés insatisfaits

La cause est entendue, les rapports entre l'entreprise et son personnel, cadres compris, sont difficiles et marqués du sceau de la défiance. La lecture des journaux donne une bonne idée de l'ampleur du phénomène et de son caractère contradictoire.

Commençons par le point de vue des salariés. *Le Monde*[1] titrait récemment « *les cadres jugent sévèrement leur patrons* », comme semblent l'indiquer les résultats d'une enquête de l'APEC. Évidemment, tout est dans l'interprétation des chiffres.

D'un côté, 16 % seulement des cadres se disent mécontents de leur entreprise. Mais, si on ajoute, au score des mécontents, les catégories voisines, les « sceptiques » (15 %), les « détachés » (12 %), et les mitigés (19 %), on obtient 62 % qui prennent leur distance !

Cette tendance est à lier au souhait d'un rééquilibrage du temps de travail au profit de la vie privée pour 76 %, tandis que 63 % trouvent leur charge de travail excessive. Mais où sont passées les 35 heures ?

---

1. *Le Monde* du 4 novembre 2003, « les cadres jugent sévèrement leurs patrons », par Antoine Reverchon.

Poursuivons la présentation des constats. Annie Bataille soulignait dans *Les Échos*[1] que « ce qui pollue la santé des travailleurs et des entreprises n'est pas la durée du travail mais son intensité et ses rythmes », reprenant ainsi l'observation de la sociologue Nicole Aubert, « le mode d'action en urgence est devenue la règle »[2].

Il y a deux ans déjà, *Le Nouvel Économiste* consacrait sa première page à une étude d'où il ressortait que « les Français désavouent leur entreprise » et que « seuls 3 % des salariés considèrent que les patrons sont d'abord préoccupés par leur bien-être »[3].

Enfin, les jeunes cadres ne sont pas en reste non plus. D'après une étude récente, ils se montrent critiques envers leur DRH qui ne les informe pas suffisamment sur les opportunités qui se présentent dans l'entreprise, n'effectuent pas le suivi individuel de chaque salarié, et qui n'informent pas suffisamment sur les critères de progression dans l'entreprise (plus de 55 % d'insatisfaits sur ces critères).[4]

3. Un manque de confiance...

Derrière l'insatisfaction au travail, n'est-ce pas, en fait, la confiance dans les dirigeants et la légitimité de ceux-ci qui est en question ?

J'ai pu moi-même tester cette idée.

> Le point de départ est banal. Les ingénieurs et cadres d'une grande entreprise du spatial rejettent le nouveau système de gestion. Pour comprendre la situation, je fais passer un questionnaire auprès des populations concernées et je demande à chacun d'évaluer de 1 à 10 son niveau de confiance dans la direction générale. La moyenne obtenue est de 3 sur 10 ! La défiance vis-à-vis du management est, sans doute, la raison de fond du blocage.

---

1. *Les Échos* du 15 avril 2003 « Le culte de la vitesse est dangereux pour l'entreprise ».
2. *Le Monde* du 1er octobre 2003, interview par Catherine Vincent.
3. *Le Nouvel Économiste* du 20 avril 2001, sondage IPSOS.
4. Étude TNS-Sofres, *Les Échos* des 26 et 27 décembre 2003.

C'est un constat que chacun peut faire dans son entreprise, et les exemples inverses sont plutôt l'exception, qu'il ne faut pas pour autant sous-estimer. À affirmer que, dans la plupart des entreprises la légitimité du management auprès des troupes fait problème, on prend le risque de se heurter à des démentis définitifs. Et pourtant, j'ai plutôt le sentiment que c'est la stricte vérité et, qu'à ne pas le prendre en considération, les dirigeants buttent immanquablement sur les mêmes difficultés.

L'étude de l'APEC aboutit aux mêmes conclusions. Ce sont les cadres les plus épanouis au travail qui font preuve de la plus grande distance « ... les directions d'entreprise auraient donc à affronter la perte de la confiance de la base vis-à-vis d'une hiérarchie soupçonnée d'être incapable de mener la barque en des temps difficiles.[1] »

Conscients du phénomène, les patrons en souffriraient également. *Les Échos*[2] peuvent ainsi titrer « les patrons souffrent, à tort, de ne pas être aimés » par leur salariés.

Le phénomène est indépendant de la qualité des dirigeants et des salariés. Mais ce n'est pas par hasard si certaines entreprises obtiennent de meilleurs résultats : c'est parce qu'elles utilisent des leviers pertinents.

Dans un monde où prime l'économie, la confiance devrait occuper une place centrale. Elle est le mode le moins coûteux de relation d'échange : plus je fais confiance et moins j'ai besoin de me protéger. Toute forme de protection a un coût. Par exemple, si je n'ai pas confiance dans les délais de livraison de mon fournisseur, je vais me constituer un stock supplémentaire, au cas où. Ce stock, je dois évidemment le financer.

Le déficit de confiance que ces sondages relèvent serait donc bien dommageable.

---

1. *Le Monde* du 4 novembre 2003, *op. cit.*
2. *Les Échos* du 21 octobre 2003, article de Guillaume Delacroix.

4. ...qui n'empêche pas le dirigeant de bien dormir la nuit

Assurément, l'argument de la confiance ne pèse pas suffisamment pour faire évoluer nos modes de fonctionnement dans l'entreprise. Pourquoi ? Voici peut-être une piste. Posons la question franchement : doit-on tenir compte de l'avis des gens quand on manage une organisation ? Après tout, la terre continue de tourner et les Japonais de travailler. Le scepticisme des uns ou l'esprit grincheux des autres doivent-il avoir une portée sur les décisions du management ? Qu'est-ce qui permet de dire qu'une division fonctionne bien, ou qu'une réforme s'est bien passée ? Faut-il prendre en considération aussi le ressenti de chacun ?

Diriger, c'est fixer un cap respectant l'intérêt général, c'est donc faire des arbitrages qui ne peuvent pas plaire à tout le monde. Les ronchonnements sont le prix à payer pour tout arbitrage.

Dans la plupart des cas, le dirigeant peut avancer, ne serait-ce qu'en changeant ou en se séparant des personnes, voire des équipes qui s'opposent à ses décisions, ou en sous-traitant les activités des mêmes récalcitrants. De plus, bousculé par un emploi du temps surchargé, pressé par les délais, le dirigeant, quand bien même il le voudrait, n'a pas le loisir de peser le pour et le contre des diverses options. Il lui faut agir, et vite.

Enfin, hormis le cas de certaines catégories sociales du secteur public qui peuvent « arrêter la France », pour l'essentiel, le camp des mécontents se cantonne à une attitude de retrait, certes dommageable pour la performance de l'entreprise, mais cahin-caha, comme on dit, on avance. Sans être cynique, le dirigeant peut très bien se dire « peu importe que les gens râlent, tant que la marge est là » ! Effectivement, le raisonnement se tient. Beaucoup d'entreprises affichant une forte rentabilité connaissent aussi un fort turn-over[1] de leurs cadres.

---

1. Rotation du personnel : un taux élevé se traduit souvent par des surcoûts (recrutement, formation, non-qualité...).

Le camp des mécontents n'empêche pas le dirigeant de dormir la nuit. Alors, pourquoi s'y intéresser ?

5. Au commencement était la plainte

On voit bien que l'on tourne toujours autour de la même idée : la situation est-elle grave, docteur ? Sommes-nous menacés de paralysie et de régression ?

Ces extraits radiophoniques en témoignent.

> Trois responsables échangeaient leurs points de vue sur la bonne santé sociale des entreprises.
>
> L'une, sociologue de son état, s'appuyant sur des interviews récemment réalisées dans des entreprises, se faisait la porte-parole des récriminations des employés contre « les petits chefs » qui refusent d'entendre les difficultés que les gens rencontrent dans leur travail, tout en mettant la pression.
>
> L'autre, dirigeant d'entreprise, rejetait ce diagnostic en soulignant, au contraire, les grandes difficultés qu'il rencontre à atteindre des niveaux de performance acceptables avec des employés qui abusent largement des congés maladie alors qu'ils bénéficient déjà des 35 heures.
>
> Enfin, un représentant d'un institut de sondage, statistiques à l'appui, apportait un éclairage « neutre » en soulignant que, malgré tout, dans leur majorité les Français aiment leur entreprise.
>
> Cette dernière affirmation était immédiatement relativisée par le premier intervenant : les gens peuvent très bien aimer leur entreprise comme collectivité humaine sans être satisfaits pour autant de leurs dirigeants, ni du fonctionnement.

N'avez-vous pas, comme moi, l'impression d'un « déjà entendu » ? Vous avez raison, il s'agit de cette même plainte, cette insupportable plainte qui, traversant les siècles, frappe nos tympans grâce au mégaphone dont elle s'est dotée à l'ère industrielle.

Le peuple des salariés se plaint de l'absence de reconnaissance du management malgré tous ses sacrifices quotidiens. Et le management se plaint du manque d'implication des salariés, malgré tous ses efforts pour développer la motivation en investissant dans le capital humain. Il nous faut une méthode pour avancer. Si cette plainte dure, réapparaît année après année, quitte à changer d'aspect, c'est qu'elle n'est que l'expression de quelque chose de beaucoup plus fondamental.

De Gaulle met en exergue du *Fil de l'épée* cette citation du Faust de Goethe : « Au commencement était le Verbe ? Non ! Au commencement était l'Action. » Je suggère le principe suivant : « Au commencement était la plainte ! »

6. Le désir mimétique

D'où vient la plainte et en quoi est-elle universelle ?

René Girard a bien expliqué ce mécanisme fondamental du désir mimétique : « Le sujet désire l'objet parce que le rival lui-même le désire[1]. » Ainsi chacun dépense une énergie considérable à conquérir ce qu'il lui manque qui est ce que l'autre a. Les objectifs individuels et les comportements sont donc reliés au désir des uns et des autres. Le comportement d'une personne ne se réduit pas à la traduction d'une balance strictement rationnelle coûts-avantages.

Comme le remarque, de façon amusée, Patrick Ricard : « Si j'ai un beau géranium dans mon jardin, la réaction de mon voisin sera non pas de me féliciter, mais de se dépêcher d'en acheter un plus beau encore, pour réparer ce qu'il considère sans doute comme un affront[2]. »

Bref, **la jouissance de chacun est d'empêcher l'autre de jouir.** Ou plutôt, voilà ce que chacun s'accorde à penser : « Je ne suis pas contre que chacun jouisse, pourvu que moi je jouisse… et si possible un peu plus que les autres. » Tel est le secret de Polichinelle autour duquel tourne la vie de nos organisations, et pas seulement elles.

---

1. René Girard, *La violence et le sacré,* p. 216, Grasset.
2. Président de Pernod-Ricard, entretien avec l'auteur.

D'un coup, une angoisse nous saisit : et s'il y avait sur terre un trop plein de désirs pour ce qu'il y a d'objets à se mettre sous la dent ! Peut-être que les tenants du « développement durable » nous trouveront une solution avant qu'il ne soit trop tard.

Ne dramatisons pas : les conflits dans la plupart des cas ne dépassent pas le vaudeville et avec un peu de recul, bien des situations paraissent comiques. Tout de même, que c'est difficile parfois de faire cohabiter sous un même toit, dans un même service ou dans une même entreprise des personnes aux caractères tranchés et hétérogènes. Il faut souvent beaucoup de patience et de diplomatie pour travailler à longueur de journée avec des gens, avec lesquels nous n'avons pas d'affinité.

Dans l'entreprise, on a vite fait de cataloguer tout un chacun. Jean est un autoritaire psychorigide, Jacques est d'autant plus suffisant qu'il est incompétent, Madeleine, dont le couple bat de l'aile, trouve une compensation en se torturant au travail, Albert, le chef, passe son temps à consulter les petites annonces, Amélie, la secrétaire, est tellement susceptible qu'il faut se fendre de formules de politesse pour lui demander de faire une photocopie, Daniel, c'est le lèche-cul de service, Armand qui s'accroche à son poste en maquillant les chiffres et Dorothée, l'hystérique, qui en pince pour le président !

Chacun, bien sûr, se croit quelqu'un de bien et cherche, dans ce bestiaire organisationnel, les autres personnes « bien » avec lesquelles il lui est possible de travailler correctement.

Les choses dites ainsi peuvent paraître caricaturales ou n'affecter que le cercle restreint des ambitieux du pouvoir. Que nenni. Ceux qui ont connu un licenciement voient bien de quelle violence il s'agit, parfois.

Nous tirons de tout ceci que le point de départ de l'organisation, ce n'est pas la coopération mythique qu'il suffirait de retrouver par des programmes adaptés. Le point de départ, c'est le conflit.

7. La rationalité, cache-sexe de l'irrationalité

Ce désir mimétique et ces fantasmes ne s'étalent pas de façon explicite. Bien au contraire, l'entreprise est officiellement gouvernée par la rationalité objective. C'est ce que l'on affirme, en tout cas.

Ainsi, quel que soit son rôle et sa position dans l'entreprise, chacun fonctionne avec la certitude que ses décisions sont rationnelles et que l'entreprise met en œuvre des principes identiques et des plans d'action arrêtés en connaissance de cause. Les forces et les moyens des organisations (la responsabilisation, la mesure des résultats, la qualité, le re-engineering de processus, la transversalité, la gestion des compétences, l'apprentissage, l'orientation client…) apparaissent tendus vers la satisfaction d'une exigence centrale, aujourd'hui, la création de valeur…

Mais alors, comment des décisions rationnelles et bien pensées peuvent-elles déboucher sur le brouhaha, les résistances, des grèves et le scepticisme diffus. Nous faisons comme si l'entreprise obéissait à des lois mécaniques, alors qu'il n'en est rien. Donc, le doute s'insinue. Avec un peu de recul, nos comportements et nos décisions ne nous paraissent plus cartésiens, mais plutôt tissés de non-dits, de résistances et de contournements.

Quel intérêt trouvons-nous à maintenir l'illusion d'un fonctionnement rationnel, à cacher la réalité ? À qui profite ce leurre et quels en sont les effets néfastes ? Reprenons les demandes insatiables du désir mimétique. Quand nous présentons des demandes aux autres, parfois reposant sur des désirs secrets, nous nous gardons bien d'exprimer ces derniers. Nous utilisons ainsi des « mécanismes de défense » pour nous protéger tout en mettant en avant, de façon masquée, notre désir.

Ces mécanismes de défense fonctionnent comme des filtres psychiques. Chacun de nous est amené à les utiliser, consciemment ou non, pour écarter des informations, des avis ou des ressentis négatifs. Ils induisent des comportements et des prises de positions (comportement de retrait, stratégie de cloisonnement par exemple) adoptés de façon consciente ou non pour négocier des situations perçues comme contraires à son propre intérêt.

Je ne peux pas dire directement à mon patron : « J'aime bien votre bureau. Spacieux, lumineux, vue imprenable, donc je le prends. En plus, le fauteuil est à ma taille ; vous, au contraire, vous nagez dedans. »

Vous ne pouvez pas dire, non plus, à votre collègue Albert Dupont, responsable du secteur des professionnels « je vais m'arranger pour te faire virer car je veux prendre ta place ». Par contre, vous pouvez suggérer en réunion de direction à votre responsable hiérarchique commun : « Il paraît que les résultats du secteur professionnel sont insuffisants ; je connais bien ce segment de clientèle, je peux peut-être apporter un appui ? » Le bénéfice secondaire de cette stratégie, comme prendre la place convoitée de Dupont, évidemment reste non dit.

À un prospect qui vous demande pourquoi vous avez créé votre propre société, vous ne pouvez pas dire « j'ai décidé de me mettre à mon compte parce que j'étais viré par tous mes employeurs », ni « parce que j'en avais marre de travailler pour des patrons stupides », mais vous direz peut-être « pour être plus libre et répondre de façon adaptée aux demandes de mes clients. »

Enfin, si vous souhaitez visiter à nouveau les États-Unis, vous n'aller pas dire : « Il faut que l'entreprise investisse aux États-Unis parce que j'ai envie d'y aller. » Mais vous pouvez vous atteler à un projet interne pour promouvoir l'idée qu'il s'agit d'un marché rentable et une excellente opportunité de développement pour votre entreprise.

Ainsi, nous habillons nos arguments et nos stratégies personnelles des oripeaux de la rationalité conventionnelle pour qu'ils soient acceptés. La « rationalisation » permet de faire passer ses intentions personnelles sous l'habillage d'un intérêt commun et de nous protéger des possibles réactions des autres en leur donnant une acceptabilité sociale.

Les stratégies de protection permettent donc à chacun de jouir quand même, selon son fantasme ! Chaque fantasme offre des grilles de lecture de la réalité. Celui qui ne peut jouir que par le changement va être contré par celui qui ne veut pas subir le changement mais qui veut, au contraire, continuer à jouir « dans son coin ».

D'autres mécanismes de défense sont couramment utilisés. Les stratégies de résistance s'appuient sur différents leviers disponibles (le cloisonnement, l'évitement, le déni ou la rétention d'information). Le mécanisme du déplacement permet de dissiper ou cacher un problème ou une stratégie en les transférant sur un autre terrain où ils réapparaîtront sous d'autres formes.

8. À chacun ses boules Quies

Pour le dirigeant, il est impossible également de reconnaître l'existence du désir mimétique. Ce serait avouer, par exemple, que son équipe de direction est peuplée de Brutus ingrats, que la coopération des salariés est impossible et donc que les fondations de l'entreprise elle-même s'enfoncent dans du sable.

Pourtant combien de membres de comité de direction ne sont-ils pas en train de penser : « Si seulement on pouvait se parler plus franchement dans nos réunions du lundi matin ! »

Et le dirigeant d'affirmer au contraire, pour cacher cette misère, que l'entreprise valorise plus que tout l'esprit d'équipe et le capital humain ! Ça marche pour un temps, sans doute, car comme dans le pari de Pascal, chacun a intérêt à y croire.

Les politiques RH peuvent éventuellement combler des besoins (salaires, congés, formation, retraite…), mais par définition, elles ne peuvent combler des désirs confus de transparence, d'accomplissement et d'aventure partagée. Or, c'est bien de cela qu'il s'agit. Et la plainte du désir jamais satisfait, ou toujours partiellement satisfait, reprend de la voix.

L'écart continue de se creuser entre le discours officiel et la réalité. Le manager rationnel paie les conséquences de l'abandon du principe de réalité : la méfiance s'installe, la légitimité du management se lézarde. Le carrosse se transforme en citrouille. L'entreprise se crispe alors qu'elle commence à recevoir des signes négatifs du marché. À l'évidence, elle ne peut poursuivre sur ces bases erronées.

Voilà le véritable coût de cette plainte : ce n'est pas qu'elle nous casse les oreilles, c'est qu'on devient sourd et que l'on, c'est-à-dire l'organisation, n'apprend pas. À chacun ses boules Quies. Ceci n'est pas sans danger, à l'heure où l'innovation et la capacité d'adaptation sont des qualités essentielles pour marquer un avantage concurrentiel.

9. Le modèle de la poubelle inversé

Les limites à l'efficacité de l'entreprise ne tiennent pas au fait que son fonctionnement ne soit pas totalement rationnel, mais au fait que cette part d'irrationalité ne soit pas reconnue, empêchant ainsi tout apprentissage.

Nous retrouvons là l'organisation « Garbage in et garbage out », c'est-à-dire le « modèle de la poubelle » de James G. March[1], mais avec un processus inversé.

La thèse de March est que, dans beaucoup d'organisations, les décisions ne peuvent qu'être erronées, quelle que soit la qualité du processus de choix, car les données entrées dans le système, les informations dont dispose le décideur, sont bien souvent fausses ou incomplètes.

---

1. In *Décisions et organisations,* Éditions d'Organisation, 1991.

Notre analyse nous amène à montrer que le problème exactement inverse émerge. Avec des mécanismes de défenses en toile de fond des processus de décisions, quelle que soit la qualité des informations mises dans le circuit, les décisions seront frappées d'erreurs.

Dans ces conditions, plutôt que de rajouter une couche de rationalité convenue, ne vaut-il pas mieux, pour avancer, chercher à cerner le mode d'influence de ces contraintes et ces désirs, fabriques de rationalité subjective ?

Dans une démarche d'apprentissage, on sait qu'il faut partir des faits et reconnaître les faits. Les faits, c'est la plainte des uns et la défiance des autres. Quand on a pris conscience des forces en présence, on comprend que l'on est condamné à connaître les mêmes déconvenues tant que les actions ne touchent pas ces causes de fond et à gaspiller son énergie dans des processus répétitifs.

Ainsi, quand on regarde bien les forces en présence, c'est un miracle que les entreprises n'implosent pas. Un miracle, le mot n'est pas trop fort.

LA DISTILLERIE DU DÉSIR

L'échec des réformes et des changements dans l'entreprise, privée ou publique, a pour cause le désir mimétique, la plainte et les mécanismes de défense qui s'ensuivent et qui débouchent sur la défiance.

Améliorer les techniques du changement n'aurait aucun effet. Et ce livre n'est pas un livre sur la conduite du changement. Il existe déjà de très bons ouvrages sur ce sujet et les consultants en management s'en font une spécialité. Mais la plupart d'entre eux présentent la même faiblesse : loin d'élucider les mécanismes de défense, ils entretiennent le phénomène au point d'en paraître dupes eux-mêmes.

Le phénomène de la grogne, des insatisfactions, des grèves, de la résistance et de la méfiance ne peut s'expliquer dans son ampleur et sa répétition que parce qu'il est le produit d'une logique stable, d'autant plus stable qu'elle contient des redondances.

*Pour percer la rationalité de façade et découvrir les trésors cachés de l'irrationalité, il nous faudra démonter un mécanisme composé de cinq lois, présentant cinq types de comportements, **tels qu'ils sont.***

Le mécanisme des cinq lois ressemble à une distillerie.

La matière brute qui entre dans la distillerie, c'est la demande, le désir, la plainte de Narcisse, c'est-à-dire de vous et moi. Elle va s'élever et connaître des transformations en remontant dans les colonnes, sous l'effet des mécanismes de défense des uns et des autres. Au sommet, parfois, on débouche sur une coopération factice. Plus souvent, le désir va revenir à l'état de plainte, matière première pour un nouveau cycle de distillerie. Et le tour est joué.

Mais l'observation de la plainte au travers de la distillerie nous permettra, peut-être, de découvrir, au bout d'un coude, une bifurcation vers de nouvelles voies permettant d'arrêter le mécanisme de répétition. Ceci constituera la preuve de la découverte de l'entreprise apprenante.

CHAPITRE 1

Loi n° 1 : le premier qui coopère perd

« Quand les hommes ne s'entendent plus entre eux, le soleil brille et la pluie tombe comme à l'accoutumée, c'est bien vrai, mais les champs sont moins bien cultivés, et les récoltes s'en ressentent. »

René Girard, La violence et le sacré

1. La course au pouvoir

Comment vous positionnez-vous, cher lecteur, par rapport au désir mimétique ? Partons de votre problème. Il n'est pas très difficile de l'imaginer.

Comme tout le monde, vous êtes sous pression : votre patron ou le marché vous demande de sortir 15 points de marge ? Ça paraît énorme à réaliser quand l'environnement économique est déprimé ou tendu par la concurrence. Si vous êtes dans le secteur public, vous avez aussi, et de plus en plus, des objectifs quantitatifs à tenir. En termes simples, votre challenge sera de faire plus avec moins, et surtout, pas de vagues !

Comment faire ? Il vous faut vendre plus ou réduire les coûts, pour baisser le point mort. Bref, « il n'y a qu'à », « il faut qu'on », vous connaissez le programme.

Des objectifs cachés

Mais, concrètement, qu'est-ce qui est important pour vous ? Que recherchez-vous, en fait, derrière l'atteinte des 15 % ? Un bonus, une promotion, la gloire ou simplement maintenir votre emploi ? Je serai plus pragmatique : que votre patron, le marché ou les partenaires qui exercent un droit de regard sur votre activité, vous fichent la paix et n'empiètent pas sur votre territoire ! Que vous puissiez enfin gérer de manière autonome vos activités, régner en maître sur votre domaine, bref détenir ne serait-ce qu'une infime zone de pouvoir.

Si c'est ce que vous estimez être votre intérêt, je doute que vous le clamiez sur tous les toits, ou plutôt dans les couloirs de votre entreprise. Il ne faut pas y voir nécessairement de volonté de camouflage : en fait, nous ne connaissons pas toujours clairement notre intérêt. À partir du moment où vous avez une idée, même vague, de votre intérêt, vous êtes à même d'évaluer la situation.

Que vous faut-il vraiment réaliser pour qu'on vous laisse en paix ? Atteindre, voire dépasser les 15 % ? Certes, ça ne peut pas faire de mal, mais rien ne garantit qu'une fois les 15 % atteints, on ne revoit pas vos objectifs à la hausse. Ou bien, on peut vous dire : vous êtes à 21 %, mais au prix de quel turn-over dans votre équipe !

Le management par objectif fonctionne souvent de guingois. Soit on fixe un objectif individuel, mais l'atteinte dépend de capacités collectives (les compétences, la marque, le produit, les prix…) qui échappent à l'individu. Soit on inclut une forte part de collectif dans l'objectif de l'individu qui peut se retrouver à faire marcher tout seul la boutique, les autres ayant intérêt à le regarder travailler, puisque le résultat sera le même.

Vous voyez, la manière dont on interprète vos résultats dépend de nombreux paramètres. Il faut autre chose, de plus fort pour conquérir votre belle autonomie. Je vous laisse un peu réfléchir.

À la fin de la journée, l'important est que vous soyez toujours là et que vous donniez le sentiment d'être incontournable. À partir du moment où vous êtes incontournable, les chiffres comptent moins, parce que vous en maîtrisez la fabrication, la diffusion et l'interprétation. Bref, vous avez créé un rapport de forces favorable, vous contrôlez la situation.

Se rendre incontournable

Mais comment se rend-on incontournable ? Je vous le dis tout de go, pour se rendre incontournable, il faut se lever tôt. C'est un travail harassant, demandant de nombreuses qualités et surtout, une grande attention pour contrôler les moindres détails.

Il faut que personne n'ait envie, ni ne puisse, vous remplacer. Ceci implique deux choses parfaitement liées que nous allons expliciter : être sans faille et ne pas avoir de concurrents.

D'abord, être inattaquable. Si aucune critique ne peut vous atteindre, c'est que personne ne peut prétendre faire mieux que vous. Vous êtes parfait et parfaitement lisse. Les critiques glissent sur vous comme l'eau sur les plumes d'un canard. Mettez en scène vos résultats, soignez votre bilan, maquillez-le légèrement si nécessaire, tuez dans l'œuf les mauvaises nouvelles, les informations contradictoires, les interrogations. Le tout en restant courtois : évitez d'allonger la liste de vos ennemis potentiels en froissant inutilement l'amour-propre d'un de vos partenaires actuels ou potentiels. Sachez, à l'occasion, vous montrer diplomate.

Si vous faites face à un retournement de conjoncture, mettez la pression sur vos équipes. Si vous êtes en retard sur vos objectifs de vente, n'hésitez pas à vous attribuer les ventes de vos collaborateurs : votre présence n'a-t-elle pas été décisive lors de réunions importantes en clientèle ? Si la situation s'aggrave, soyez plus royaliste que le roi, bloquez les dépenses et les salaires, montrez votre détermination en virant les gros salaires et quelques marginaux sans appui, et trouvez des coupables pour expliquer les mauvais résultats.

Ensuite, avant même qu'ils ne représentent une menace, éliminez vos concurrents internes, y compris vos propres lieutenants, s'ils vous font défaut. Affûtez vos critiques et déstabilisez ceux qui commencent à prendre de l'importance. Pour bien vous faire comprendre, appliquez la règle « il a dit la vérité, il doit être exécuté » (évidemment, ce n'est qu'une métaphore).

Exigez une totale loyauté de ceux qui font partie de votre cercle restreint : ils seront vos courtisans et, s'ils sont bien musclés, ils vous serviront de garde rapprochée pour défendre votre territoire. Sachez en retour les récompenser. N'oubliez pas que les crocodiles sont des bestioles d'autant plus charmantes qu'elles sont rassasiées : veillez à les nourrir régulièrement avant qu'elles ne vous trouvent appétissant, ou qu'elles vous laissent tomber pour aller servir un maître plus généreux.

Si vous êtes un manager du public, vous devez pâlir d'envie devant certaines tactiques spécifiques au privé qui vous sont interdites. Sachez que, pour l'essentiel, les mêmes comportements sont à l'œuvre dans le secteur public.

Protéger son territoire

En vous donnant ces bons conseils, je vais contribuer à semer la zizanie dans votre entreprise.

Imaginons, juste un instant, que votre entreprise soit infestée de personnes qui meurent de se rendre indispensables. Que croyez-vous qu'il va arriver aux grands projets de changement initiés par la direction générale ? En traversant les marigots qu'ils sont censés relier, ils vont se faire voler dans les plumes par tous les crocodiles ainsi réveillés.

Certes, nous avons un peu forcé le trait : vous avez l'impression de vous retrouver dans *Dallas* ou dans *Les Rois Maudits,* selon votre culture.

Ici se mettent en œuvre les mécanismes de défense que nous avons mentionnés en introduction. Chacun, pour survivre, érige des barrières, voire contre-attaque pour se protéger. Méfiance, cloisonnement, baronnies, démotivation, déresponsabilisation, stress, gaspillages et blocages en sont le prix à payer. Pire, vous pouvez croiser dans l'entreprise un autre Machiavel en herbe, qui aura lu ce livre. L'organisation se transforme alors en un champ de bataille rutilant. Certes, vous pouvez maquiller votre « vraie » performance et dissimuler un certain temps les surcoûts, les dommages collatéraux.

Les stratégies de protection peuvent prendre des modes plus feutrés et tout aussi inefficaces :

> « Le plus pénible, c'est l'aspect politique, l'aspect siège : quand deux directions sont rivales, on ne tranche pas dans le vif pour que chacun sauve la face. À quoi ça sert de bosser sur des projets, quand on sait qu'il n'en sortira rien. » (Albert M., un cadre dans une multinationale, décrivant le fonctionnement de son entreprise)

Au total, cela signifie une chose : l'entreprise ne promeut pas les plus compétents, mais ceux qui ont un sens politique développé. Ceci n'est pas sans laisser planer l'ombre d'un doute sur la crédibilité du management.

2. La confiance est le maillon faible

Loi n° 1 : le premier qui coopère, perd

Voilà un premier paradoxe : l'homme agit d'autant plus efficacement qu'il opère dans un climat de confiance, mais la stratégie la plus efficace, celle qui le pousse à se rendre incontournable, est le plus sûr moyen de détruire la confiance ! Certes, l'individu peut recourir à d'autres stratagèmes comme l'apathie, le retrait ou l'allégeance à un leader fort mais ces voies d'action offrent évidemment moins de bénéfice.

Ce paradoxe a un corollaire : le comportement le plus utile à l'organisation et le moins coûteux est la coopération. Or c'est le meilleur moyen pour l'individu de jouer perdant, dans un monde où tout le monde cherche à se rendre indispensable. Le premier qui coopère perd.

Nous tenons là, semble-t-il, un éclairage de ce phénomène dont l'explication se dérobait devant nous jusqu'à présent. La raison des échecs au changement, tant au niveau des grandes réformes nationales qu'au niveau des projets d'entreprise, n'est ni dans le déclin de la valeur travail, ni dans la montée des valeurs individuelles, ni dans la rigidité des corporatismes, ni dans la culture de la défiance ; elle est énoncée dans la loi N° 1. Il s'agit simplement de l'expression d'un mécanisme de défense.

Comment se fait-il que la stratégie « se rendre incontournable » soit celle qui finalement s'impose à tous, alors que, bien sûr, tout le monde préfère travailler dans un climat de confiance ?

Si la loi N° 1 est tout à fait rationnelle pour l'individu, elle l'est moins pour l'entreprise. Alors pourquoi une entreprise laisse-t-elle se développer des comportements qui, du point de vue du bien collectif, sont dommageables ?

L'irrationalité triomphe bien dans l'entreprise qui est, en principe, un temple de la rationalité.

Le dilemme du prisonnier

Je ne vais pas vous expliquer pourquoi la confiance est le maillon faible. La démonstration a déjà été faite par le fameux « dilemme du prisonnier »[1] dans la théorie des jeux, illustrée ci-après :

> Imaginez deux truands qui sont en prison chacun dans leur cellule et qui doivent être jugés le lendemain pour un braquage, sans témoin, des coffres d'une banque. Ils ne peuvent pas communiquer entre eux. Chacun réfléchit à ce qu'il va dire au juge.

---

1. Voir Anatol Rapoport « Critiques of game theory », Behavioral Sciences Vol. 4, 1959.

Les choix qui se présentent à eux sont très simples :
- soit plaider non coupable, mais accuser l'autre,
- soit plaider non coupable, pour les deux.

Si cette seconde solution permet d'envisager l'acquittement, elle présente un très léger inconvénient pour l'individu : « Si l'autre truand m'accuse, se dit-il, lui est acquitté, mais je suis condamné ! »

Vous connaissez le choix des deux compères : ils préféreront s'accuser mutuellement plutôt que de risquer chacun de croupir, seul, une éternité en prison.

Le tableau ci-dessous présente les options qui se présentent aux deux prisonniers.

		Prisonnier P1	
		P1 dit « P2 est coupable »	P1 se tait
Prisonnier P2	P2 dit « P1 est coupable »	① Condamnation à 10 ans de prison chacun	② P1 condamné à 20 ans et P2 acquitté
	P2 se tait	③ P2 condamné à 20 ans et P1 acquitté	④ Acquittement pour P1 et P2

J'ai souvent utilisé cette simulation avec les groupes que je forme au management dans l'entreprise. Si vous ne le connaissez pas, faites-le. C'est à désespérer du genre humain ! À remplir les trains de misanthropes. À chaque fois, les gens choisissent la pire des solutions, à savoir la case n° 1, celle où tout le monde perd, eux y compris !

Soyons concret et examinons ce cas de fusion qui ressemble plus à un divorce qu'à un mariage.

Nous menons une étude sur l'opportunité de rapprochement entre deux filiales A et B de deux groupes différents qui, au niveau mondial, viennent de fusionner. Tout naturellement, nous devons analyser le positionnement respectif des deux sociétés sur leur marché local et apprécier les complémentarités. Il nous faut aussi évaluer les redondances et synergies possibles. Nous travaillons avec des groupes de travail mixtes, composés de façon équilibrée de représentants des deux parties prenantes A et B.

Inutile de préciser que les deux groupes, traditionnellement concurrents sur un même marché, qui n'est pas immense, se connaissent bien et commencent à se regarder en chiens de faïence.

Les présidents des deux sociétés sont comme nos deux prisonniers : se font-ils mutuellement confiance, ou bien chacun d'eux s'imagine-t-il que l'autre complote contre lui ? Car, à la fin, il n'y a qu'un fauteuil de président.

Un jour comme les autres, le téléphone sonne dans le « war room », la salle de travail que le client a mis à disposition des consultants. Le président d'une des deux filiales, B, veut nous voir immédiatement. Nous nous exécutons. Le président nous reçoit, visiblement très en colère.

L'œil noir, il nous annonce que nous n'avons rien moins que trahi sa confiance, que nous ne sommes pas objectifs et qu'il envoie un courrier solennel en ce sens à la fois à la direction mondiale du groupe et au directeur général de notre société. Motif : nous serions manipulés par A. Bref, il met en place des arguments pour refuser les conclusions de l'audit, au cas où celles-ci lui seraient défavorables.

Que s'est-il passé, que nous vaut cette volée de bois vert ?

Lors d'une réunion d'une équipe « mixte », animée par un des consultants, un des membres de la filiale B aurait découvert tardivement que les autres membres du groupe de travail n'étaient pas tous des consultants, mais comprenaient aussi des représentants de l'autre partie, la A. À son insu, ce responsable aurait été amené à dévoiler des secrets stratégiques à son concurrent !

La suite de l'histoire ? Les deux présidents de A et B ont pris des positions de plus en plus hostiles l'un envers l'autre et envers la fusion, se plaçant ainsi dans la case n° 1. La direction mondiale du groupe, lassée de ces procès en défiance et de ces atermoiements coûteux, a finalement tranché : la fusion s'est faite, mais sans les deux présidents !

3. Les stratégies de pouvoir

Dans le monde impitoyable de l'entreprise, où chacun cherche à se rendre indispensable, les stratégies des individus sont multiples mais peuvent se ranger dans deux grandes catégories : l'opportuniste et le rentier[1]. Lorsque ces catégories s'appliquent aux dirigeants, elles marquent l'ensemble de l'entreprise et ses orientations stratégiques.

Le rentier

Le rentier, c'est celui qui détient quelque chose et qui cherche d'abord à le protéger. Ses stratégies de défense sont diverses : ne pas écouter les problèmes, nier les écarts ou les dysfonctionnements, rejeter les idées innovantes parce qu'incongrues, préserver les apparences, gagner du temps. Le rentier prend ce qui n'était qu'une métaphore, « l'organisation est une machine », pour la réalité.

Telle est la stratégie du rentier, **tout faire pour que rien ne bouge.** Et pourquoi changer, puisque tout fonctionne bien. CQFD.

Les salariés occupant des zones abritées cherchent à repousser les nouveaux venus pour continuer de jouir, en cercle fermé, de la rente de situation durement gagnée. Ainsi, dans l'entreprise marquée par le conservatisme, les luttes de pouvoir ressemblent à une véritable guerre de tranchées.

Mais arrive le jour où il faut bien régler la facture. Parfois l'organisation glisse sur la pente de la faillite ou de l'absorption par un concurrent (pardon, je veux parler de l'heureuse fusion entre égaux).

---

1. Gérard Pavy, *La logique de l'informel,* Éditions d'Organisation, 2002.

Dans telle grande entreprise, l'essentiel des organes de direction est composé de rentiers. Leur caractéristique : ils sont sortis de la même école supérieure. Leur intérêt : assurer le monopole de leur école à l'accès aux postes de direction. La règle du jeu : chacun campe sur son fief et personne n'attaque l'autre durant les séances du comité de direction. Conséquences : les réunions du comité de direction sont ennuyeuses à mourir !

C'est souvent ce qui arrive aux entreprises dont l'attachement à une période dorée appartenant au passé les empêche d'évoluer. En témoignent des exemples aussi divers qu'IBM qui rate le tournant de l'ordinateur personnel, General Motors qui sous-estime la percée des constructeurs japonais sur son marché, ou l'assureur GAN qui tombe sous la coupe de Groupama.

L'opportuniste

L'opportuniste, lui, pense que le changement est bénéfique. il va donc saisir les opportunités, quitte à casser les systèmes existants.

L'objectif est de transformer les aléas en opportunités et de saisir les occasions qui se présentent. Encore faut-il convaincre le reste de l'entreprise, ses actionnaires et ses partenaires, du bien-fondé de ce qui peut paraître une fuite en avant.

Là encore, cette stratégie peut revendiquer une certaine dose de rationalité. Quand tout change si vite, un comportement trop rigide est contre-productif. La stratégie de l'opportuniste s'impose. Les entreprises qui ont mené des guerres de mouvement et de croissance externe rapide se rangent, peu ou prou, sous cette bannière. On pense à France Telecom, Vivendi, évidemment aux années folles d'Internet et de la communication. Mais cette stratégie n'est pas nécessairement dispendieuse. LVMH ou AXA ont également pris ce chemin, notamment dans les années quatre-vingt-dix.

Ces stratégies ont un sens si l'on convient que nous évoluons dans un environnement aléatoire et que les vents contraires qui causent les revers d'aujourd'hui amèneront, peut-être, de meilleurs résultats demain. En général, vous partez avec un capital de crédit, donc, pour un temps, on vous laisse faire dans vos choix de conquête sans vous harceler de questions au premier accroc.

4. Zones de haute ou de basse confiance

L'entreprise ressemble à une carte météo, avec ses zones de basse pression et ses zones de haute pression. Il y a des zones de haute confiance autour d'équipes formalisées, de réseaux ou de constellations informelles centrés sur des leaders rentiers ou opportunistes. Et il y a aux interstices des zones de basse confiance, de conflits ou d'évitement.

La raison est simple. La confiance, toujours liée à une relation personnelle, se diffuse par capillarité. Essayez de prendre un rendez-vous auprès d'un dirigeant (ou de quiconque d'ailleurs) qui ne vous connaît pas : c'est l'échec assuré. La solution ? Se faire recommander par quelqu'un que ce dirigeant connaît. Toute organisation est constituée de réseaux relationnels, non visibles, mais bien vivaces.

Les zones de haute confiance prospèrent, car elles sont organisées de telle façon que tous leurs membres y gagnent. Les crises jouent le rôle de renforcement. Quand la pression externe devient trop forte, il arrive que, dans la zone, une majorité d'acteurs se mette d'accord pour éliminer le « maillon faible ».

On marginalise untel, on trouve un bouc émissaire, généralement le dernier intrus, forcément quelqu'un de moins compétent, puisqu'il n'est pas dans le cœur du clan et d'autant plus incompétent qu'il pourrait prendre la place d'un des membres.

L'affichage de valeurs de performance, d'équité et de mérite dans l'entreprise en prend un sérieux coup, et le management par objectif aussi. Les zones de haute confiance font le lit des zones de forte défiance.

À la tête de l'organisation, le dirigeant apparaît alors, en quelque sorte, comme le chef Abraraccourcix[1] qui a les bras trop courts pour imposer son autorité. Rien ne remplace la lecture des œuvres complètes d'Uderzo et Goscini pour comprendre la France de nos jours et ses originalités de management !

5. Un mal français ?

Cette loi est-elle « culture free », c'est-à-dire indépendante d'une culture nationale, y compris de la culture française ? Nous pouvons observer les mêmes comportements dans une entreprise anglaise, hollandaise, américaine, allemande, marocaine, japonaise ou italienne. La culture joue un rôle dans la régulation des jeux de pouvoir individuels et dans la capacité à tolérer, limiter ou sanctionner plus ou moins rapidement les excès.

Dans le prolongement des travaux du sociologue Michel Crozier, Alan Peyrefitte publiait il y a plus de vingt-cinq ans un livre sur ce thème. Vingt-cinq ans, certains diront que c'est beaucoup, Internet est passé par là et la France des années 2000 n'a plus rien à voir avec celle des années soixante-dix. À ceci près que les réflexions d'un certain Alexis de Tocqueville, qui elles ont plus de cent cinquante ans, n'ont pas perdu de leur pertinence. Le social évolue plus lentement que la technologie.

Mais revenons à Peyrefitte. Son explication de type culturel met la confiance au cœur du problème.

Les sociétés anglo-saxonnes auraient une aptitude au contact direct et à la confiance, qui ferait défaut aux sociétés d'origine latine, où l'initiative est toujours limitée par le contrôle hiérarchique et la centralisation. La confiance fait entrer les sociétés anglo-

---

1. Chef bien connu du village gaulois d'Astérix, Uderzo et Goscini, Dargaud Éd.

saxonnes dans le cercle vertueux du développement, la négociation et le contrat facilitant les échanges et les affaires[1].

Société de confiance	⟺	Société de défiance

Les pays anglo-saxons	**Les pays latins, la France**
Confiance dans l'initiative individuelle	Méfiance dans l'individu
Responsabilisation	Contrôle hiérarchique
Décentralisation	Centralisation
Discipline et respect des normes	Prééminence du chef
Contrat et coopération	Faible transparence
Performance collective	Contestation et arrangements
Méritocratie	Inefficacités collectives
Le succès valorisé	Droits acquis et protection contre l'arbitraire
	Le succès en suspicion

Que met surtout en évidence Peyrefitte derrière ces réflexions sur
la confiance ? Il nous convainc d'abord qu'une entreprise a besoin
de cohérence pour être efficace. Ceci pose immédiatement le problème de la convergence d'intérêts particuliers au profit d'une
action collective.

D'autres travaux confortent ces réflexions en étendant au Japon
l'analyse comparative.

Traditionnellement, l'Allemagne, les États-Unis et le Japon, pour
citer de grandes puissances arriveraient plus aisément que la
France à préserver la cohérence collective. Pourquoi ? Grâce à leur
culture nationale qui, chacune à sa manière, favorisent la convergence des intérêts.

---

1. *Le mal français,* Plon, 1976.

Le Japon combine l'esprit d'entreprise (au sens patrimonial) et les démarches participatives d'amélioration continue (la qualité).

Les États-Unis favorisent la prise d'initiative mais assurent le respect des règles d'organisation par le primat des valeurs communes.

L'Allemagne assure la cohérence par l'esprit de discipline et le développement d'un référentiel de cogestion.

La France, à côté de ces pays, serait bien mal outillée, combinant le centralisme autoritaire et l'individualisme bordélique, l'un s'affirmant comme le remède de l'autre, sans que l'on sache vraiment par quel côté le mal arrive ! Alors que dans les pays anglo-saxons, l'organisation est jugée bonne en soi, en France, il y a toujours un doute. Ce point est essentiel.

La thèse déjà ancienne de Peyrefitte fournit un éclairage utile sur le ronron français, mais en faisant de la culture le facteur principal, il donne à chacun, par ce déplacement des causes, l'argument pour se dédouaner !

En fait, des études récentes nous confirment que le problème, loin d'être confiné à la France, est de dimension internationale. Selon, l'enquête du cabinet de conseil DDI auprès de managers et salariés d'une centaine d'entreprises de 14 pays, principalement les États-Unis, « de 38 à 46 % seulement des sondés revendiquent une « grande confiance » en leurs leaders ».[1]

La question est de savoir comment un patron peut créer un jeu gagnant-gagnant à l'échelle de l'entreprise. Certaines cultures nationales constituent, sans doute des atouts, mais elles sont loin de tout régler.

---

1. *Les Échos* du mercredi 19 mai 2004.

Résumé

Le fonctionnement de l'entreprise ne favorise pas la coopération. C'est la loi N° 1, le premier qui coopère perd. Pourtant la coopération constitue le mode de coordination le plus économique de tous. L'entreprise est constituée de réseaux relationnels multiples et disjoints. Le niveau de confiance partagée s'élève au centre des réseaux et chute entre les réseaux. Chacun peut choisir deux grands types de stratégie. Celle du rentier qui conduit au cloisonnement. Celle de l'opportuniste qui s'appuie sur le changement incessant des règles du jeu.

CHAPITRE 2

Loi n° 2 : chacun voit midi à sa porte

J'ai participé, il y a un certain temps déjà, à un travail de réorganisation chez Air Plus, une compagnie aérienne, à partir d'un diagnostic sociologique. Au début, les cadres qui participaient au projet nous écoutaient avec scepticisme. La cinquantaine bien tassée, ils avaient leur opinion sur tout. Ils connaissaient bien la direction, les hommes, les syndicats, les imbéciles ici et les caïds là. Pour eux, notre projet n'avait aucune chance d'aboutir. Sauf que, petite innovation, nous leur avons proposé de conduire eux-mêmes des entretiens « sociologiques » dans les départements concernés.

Et ça a été leur chemin de Damas.

Ils en sont revenus enthousiasmés et transformés. Grâce à l'enquête, ils ont pu se mettre à la place de leurs collègues et découvrir des comportements complexes, rejetant par-dessus bord leurs jugements à l'emporte-pièce. À partir de là, nous pouvions négocier des solutions avec les autres départements et proposer des modes de fonctionnement plus efficaces.

C'est une des choses les plus extraordinaires que j'ai découverte avec la sociologie, sur le terrain : la subjectivité radicale des points de vue. Savoir se mettre à la place de l'autre est donc la première leçon du management.

1. Mon intérêt est ma première grille de lecture

Vous jugerez une solution au fait qu'elle est bénéfique – pour vous – et non pas pour l'organisation ou partie de celle-ci. Or, ce qui est bon pour vous ne l'est pas forcément pour votre entreprise. Et inversement.

Selon quelle grille puis-je émettre des jugements définitifs ? Soyons clairs, selon mon intérêt personnel Ou plus précisément, selon ma compréhension de mon intérêt personnel.

Dupont est un type bien, la preuve : il pense comme moi !

Je vais juger bon ce qui sert mon intérêt personnel et rejeter ce qui s'y oppose. Je vais penser du bien de Dupont parce qu'il pense du bien de moi. C'est un allié. Dugenou, en revanche, est un sinistre imbécile : il m'a critiqué devant la direction. Il n'est pas fiable, c'est un hypocrite et un flagorneur. Suis-je lucide et objectif quand je fais ces choix ? Quand je critique quelque chose, est-ce parce que c'est effectivement mauvais ou parce que cela me remet en cause ? Les amis de mes ennemis sont mes ennemis. On diagnostique la rage chez son chien pour s'en débarrasser, et on croit vraiment qu'il a la rage.

Vous êtes prêts à présent et je vous invite à répéter sept fois après moi : « Chacun voit midi à sa porte. » C'est la loi n° 2, fondamentale, car elle sert de sanctuaire aux mécanismes de défense. Une fois qu'ils y sont logés, ils sont d'autant plus difficiles à éliminer que la personne qui les abrite ne les voit pas.

Eh oui, nous voulons tous le beurre, l'argent du beurre et la crémière ou le crémier (la France se libéralise !), comme le suggère l'exemple d'Air Plus. Plus pompeusement, on appelle cela la rationalité limitée. Notre origine sociale, notre éducation, notre métier, notre place dans l'organisation, les outils d'informations que celle-ci met à notre disposition, tout cela constituent la paire de lunettes au travers de laquelle nous voyons la réalité.

Nous pensons toujours avoir raison, et nous voulons appliquer à autrui nos principes universels, alors que nous avons une vue partielle et partiale des choses, essentiellement commandée par notre intérêt, forcément égoïste.

Cette vision subjective devient la seule objective, au point de ne pas comprendre que quelqu'un puisse avoir une vue différente. Ceux qui pratiquent la négociation sont en général sensibilisés à ce phénomène. C'est un mécanisme de défense tout à fait classique ; le problème, c'est que l'intéressé ne s'en aperçoit pas. Il s'en aperçoit d'autant moins qu'il en bénéficie ! Le blocage de mentalité est toujours logé chez l'autre, jamais chez soi.

> J'ai mené de nombreux séminaires sur ce thème. Quand je dis aux gens « faites attention, ne vous faites pas piéger par la loi N° 2 ». Les participants répondent en chœur « bien sûr, c'est évident ». Je donne un premier cas où il s'agit de décrypter la stratégie réelle des acteurs en s'appuyant sur les points de vue et les rationalités individuelles. Mais, dans la plupart des cas, les participants développent dans leur réponse ce que, selon eux, les acteurs devraient faire, sans chercher à comprendre les « bonnes raisons » motivant les comportements actuels.

Les coûts de la loi N° 2

La loi N° 2 porte en elle trois conséquences pour le fonctionnement de l'entreprise.

D'abord, elle souligne l'existence toujours possible d'une divergence entre ce que l'individu comprend comme étant son optimum et celui de l'organisation ou l'intérêt général. Ensuite, elle favorise le développement des *a priori* et stéréotypes toujours stériles dans une négociation. Enfin évidemment, en conséquence de ce dernier point, elle constitue un frein majeur à la coopération.

Le cas Danubio : l'opposition classique entre le siège et les unités opérationnelles

Danubio est issue du rapprochement, en 1988, de trois divisions d'une multinationale de l'alimentaire.

Danubio hérite d'une organisation par « divisions », relativement autonomes les unes des autres. Ce type de structure qui favorise, en principe, la responsabilisation, la motivation et la réactivité présente souvent un inconvénient : il permet aussi le développement des redondances et des doublons, chaque unité de base souhaitant disposer de toute la panoplie des fonctions essentielles pour assurer son fonctionnement indépendant.

Un indicateur simple illustre le déficit d'intégration du groupe : Danubio compte 80 000 fournisseurs contre 5 000 seulement pour son principal concurrent.

Le nouveau président met en place un programme de centralisation des fonctions de R&D, achat et informatique, d'une part et de réduction des frais de siège et d'amélioration de la performance opérationnelle des sites industriels, d'autre part.

Les projets transversaux pour dégager des synergies rencontrent l'opposition des divisions opérationnelles et des fonctions organisées en silos.

Chaque responsable de division peut craindre que la nouvelle initiative transversale du groupe augmente ses contraintes, réduise son autonomie, grossisse ses coûts, alors que, par ailleurs, le même groupe lui demande de tenir des objectifs de performance et de rentabilité tendus. L'intérêt général peine à se frayer un chemin.

Ainsi la loi n° 2 joue à plein régime, conduisant Danubio à flirter dangereusement avec la ligne de faillite.

2. Les deux cultures de l'entreprise

La loi n° 2, valable pour les individus, s'applique aussi dans l'entreprise à l'échelle de groupes de culture et de légitimité distinctes disposant chacun de leurs filtres déformants.

La culture comme filtre

Qu'est-ce qu'une culture ? Une culture rassemble les valeurs, les normes et les habitudes de pensée que chacun partage dans son groupe d'appartenance. Elle constitue une « carte mentale » qui conditionne la manière dont les membres perçoivent les événements, les ressentent et les interprètent. Elle fonctionne comme un filtre sélectif retenant certaines informations et en rejetant d'autres.

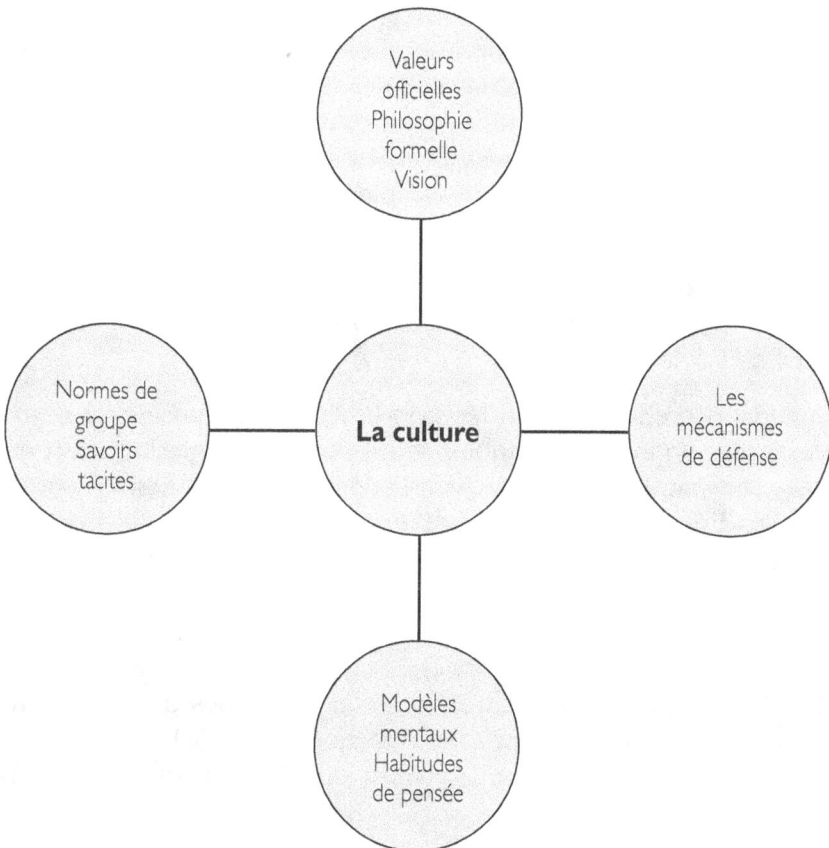

Les quatre dimensions de la culture

Ce conditionnement échappe en grande partie à la conscience des uns et des autres.

Une même culture d'entreprise peut accueillir des sous-cultures, par métier ou fonction, par exemple. Les cultures se maintiennent par des processus de socialisation qui commencent par la formation initiale, le recrutement et se poursuivent par les règles d'excellence à respecter. Chaque sous-culture, cherchant à préserver son identité, on verra des stratégies de pouvoir se développer pour protéger le sous-groupe.

Les cultures dépassent le périmètre des entreprises pour trouver support et résonance dans des collectivités élargies : les dirigeants avec le monde des banquiers et des actionnaires, les ingénieurs avec les autres laboratoires, les professionnels du marketing avec les agences de publicité, par exemple.

Enfin, chaque culture met à disposition de ses membres un ensemble de pratiques rodées et de procédés standardisés, fonctionnant comme des mécanismes de défense, pour gérer les situations délicates de la vie quotidienne.

Quand on prend en considération la situation d'ensemble d'une entreprise, on imagine combien le mode de pilotage devient complexe. En fait, les informations, les décisions et les actions subissent les distorsions d'un nombre incalculable de filtres individuels et culturels des différents sous-groupes composant l'organisation.

La règle et le réseau

On identifie généralement trois grandes catégories d'acteurs dans l'entreprise[1] : les dirigeants (la direction générale), la « techno-structure », et les opérationnels, avec à leur tête l'encadrement intermédiaire.

---

1. Voir H. Minzberg, *The structuring of organization,* Prentice Hall, 1979 et E. Schein, *Three cultures of management,* Sloan Management Review, 1996.

La technostructure comprend l'ensemble des fonctions élaborant les normes de fonctionnement de l'entreprise. On y retrouve notamment, les ingénieurs du bureau d'études, mais aussi les comptables, les financiers, et la fonction « personnel » des ressources humaines.

Les opérationnels regroupent les trois fonctions directement liées aux produits ou aux services offerts par l'entreprise : R&D, production et ventes.

Ce qui rassemble chacun des sous-groupes, c'est une vision spécifique du monde et de leurs intérêts.

Ces trois cultures sont les dépositaires des intérêts de leurs membres et disposent de leurs propres mécanismes de défense. C'est parce qu'elles répondent à ces deux fonctions qu'elles sont identifiables et pérennes. C'est parce que ces cultures imprègnent les modes de raisonnement des uns et des autres que le changement est quasiment impossible.

L'étude poussée montre que la culture des dirigeants et la culture de la technostructure sont proche l'une de l'autre et que les micro-coupures les plus fréquentes se trouvent entre elles et la troisième culture, celle des opérationnels.

La culture des dirigeants et de la technostructure survalorise la règle, tandis que la culture des opérationnels survalorise le réseau relationnel, ce qu'il nous faut à présent approfondir.

Ceci ne signifie pas que les relations entre la direction générale et la technostructure soient toujours au beau fixe. Loin s'en faut, comme nous le verrons. Mais dans un premier temps, pour simplifier la présentation, nous rendrons compte de deux blocs de culture.

Le monde de la règle, ce sont les structures, les procédures, les discours, et les valeurs officielles, tout ce qui guide les comportements. Le formel dicte comment l'entreprise devrait fonctionner. Mais le monde du formel ne suffit pas pour qu'une organisation tourne. Pour les dirigeants et la technostructure, l'idéal, c'est une machine sans homme. Zéro incertitude, prévisibilité totale des comportements, performance optimale !

Mais le grain de sable vient toujours se glisser dans les rouages.

Le réseau relationnel se développe parce que l'officiel ne couvre pas tous les cas du vivant. L'officiel a des ratés. Il faut inventer des solutions, trouver des « combines », faire appel à son réseau relationnel, quand le système formel vous « plante ». Ce sont les relations quotidiennes, ce monde qu'ont découvert nos équipiers d'Air Plus. Sans doute, aussi, est-il finalement ennuyeux de se conformer à la règle.

Ce monde informel montre comment les choses fonctionnent réellement, au quotidien. C'est la dynamique autonome des comportements humains articulés autour de jeux de pouvoir[1].

---

1. *La logique de l'informel, op. cit.*

Loi n° 2 : chacun voit midi à sa porte

Résumé

Chaque membre d'un sous-groupe tend à considérer la vue proposée par sa culture d'appartenance comme l'horizon universel. C'est la loi N° 2 : chacun voit midi à sa porte. Deux grands mondes culturels vont ainsi s'opposer. Le monde de la règle influençant plus particulièrement les dirigeants, la technostructure, même si les intérêts des uns et des autres, ne sont pas toujours convergents. Et le monde du réseau relationnel où évoluent les opérationnels. Pour être tout à fait exact, on pourra trouver aussi des comportements de type « opérationnel » à l'intérieur d'une fonction support de grande taille, comme le service paie à la direction du personnel. L'inverse sera vrai aussi. Plus une fonction ou une division est importante et plus il y a de chance que l'on retrouve en son sein les différentes sous-cultures d'une entreprise.

CHAPITRE 3

Loi n° 3 : le dirigeant surestime la règle

1. « L'organisation machine »

Pourquoi le réseau informel n'est-il pas pris en compte par le management ? Des facteurs nombreux et différents, exerçant des influences convergentes, aboutissent à créer des filtres qui s'imposent aux groupes dirigeants.

D'abord, pour les dirigeants, la santé financière de l'entreprise, est bien sûr la première des priorités. De façon diffuse, l'ensemble des cadres supérieurs sera touché par la pression du résultat. La mécanique du management par objectif et du contrôle financier pousse tout manager à transformer son organisation en machine, c'est-à-dire en instrument de travail fiable, au fonctionnement prévisible, atteignant régulièrement les objectifs fixés.

Ainsi, le manager et le financier rejoignent la logique de l'ingénieur : concevoir des dispositifs automatiques réduisant l'intervention humaine, source d'incertitude, au minimum. La culture des ingénieurs et de la technocratie est marquée par l'abstrait et l'impersonnel. Il faut éliminer la liberté de décision pour prévenir les risques d'erreur humaine. Ces principes sont portés à leur paroxysme dans le taylorisme, déjà ancien, qui conçoit l'organisation, dans son ensemble, comme une machine. La prise de décision est ainsi clairement séparée de l'exécution : on confie à des « bureaux d'études » spécialisés le soin de programmer, dans le détail, les actions des exécutants.

Bien sûr, cette notion de machine est un idéal non affiché, un fantasme, mais il en reste des signes perceptibles. En voici quelques illustrations.

Le cas de l'ingénieur dirigeant

Cette multinationale comprend une cinquantaine de sites, répartis dans plusieurs pays. Chaque site est doté d'une structure propre. Les principales fonctions, recherche et développement, production, ventes, finances, ressources humaines, informatique, moyens généraux sont organisées différemment selon les sites. Cette disparité est le résultat d'une histoire marquée par une stratégie de croissance externe.

Le directeur industriel doit mettre en place un programme drastique de réduction des coûts. Le manque de lisibilité des structures rend l'exercice difficile. Aussi, le directeur industriel imagine-t-il une maquette d'organisation unique, une sorte de standard, qu'il compte appliquer à tous les sites. Il conçoit cette maquette comme la structure minimum dont doit être dotée tout site. Il espère ainsi faire ressortir les redondances et réduire les coûts.

Il est aisé de définir sur le papier une structure cible. Mais dans la réalité, les sites ont des vocations très différentes. Certains sont centrés sur la production, d'autres sur la R&D, d'autres encore sur les ventes. Pour que cette maquette unique ait un sens, il faudrait avoir, au préalable, dégagé une philosophie d'ensemble de l'organisation, en précisant, par fonction, ce qui doit être centralisé et ce qui doit être réparti, par exemple.

L'équilibre des forces en présence ne permet pas au directeur industriel d'afficher une philosophie globale d'organisation. Annoncer les fonctions ayant vocation à être centralisées, reviendrait à affronter directement les patrons de sites, organisés en puissantes baronnies. La maquette est inapplicable en l'état et la réforme sera abandonnée.

En somme, le directeur industriel n'a pas les moyens de mettre en pratique la métaphore de la machine. La maquette de site « pièce élémentaire » n'a de sens que si elle s'inscrit dans une organisation « machine ». Mais justement, l'organisation n'est pas une machine, les jeux de pouvoir des baronnies constituant autant de défi à la mécanique rationnelle.

La métaphore de la machine sert d'écran au stratège pour projeter les modélisations élaborées. En stratégie les hommes sont réduits à des effectifs, à des chiffres, c'est-à-dire à des coûts. Ce n'est pas que les hommes ne comptent pas, c'est que ce n'est pas la question. La seule question, alors, est comment faire pour être moins cher que le concurrent ? Parler de questions d'hommes à cette phase de la réflexion serait aussi incongru qu'un coup de pistolet claquant au cœur d'un opéra.

2. Des circonstances atténuantes

Les dirigeants sont séparés des réalités opérationnelles par plusieurs échelons hiérarchiques intermédiaires et les réseaux informels suivent une logique difficile à décrypter. Pourquoi investir du temps dans la compréhension de phénomènes dont l'impact sur la marche des services n'est pas garanti ?

D'autres phénomènes vont pousser le dirigeant vers l'hypertrophie de la règle, notamment les circuits rapides de carrière, particulièrement visibles et problématiques dans le cas des « hauts potentiels ». Dans un grand nombre d'entreprises, les managers restent rarement plus de trois ans en poste, souvent beaucoup moins. Sous un tel rythme de mutation et de rotation, ils ont peu de temps, et encore moins d'intérêt, à connaître dans le détail le système humain dont ils ont la charge. Il leur est difficile d'avoir des informations fiables. Ils dépendent d'outils et de méthodes pour piloter les activités à distance au travers des tableaux de bord.

Le dirigeant n'a pas intérêt à écouter, puisque tout doit se passer comme dans la directive et le modèle. S'il écoute les demandes, c'est que les choses ne se sont pas passées comme prévues, et c'est reconnaître implicitement que les objectifs ne pourront pas être tenus. Ce qui est impossible. Bien sûr, les structures officielles et les règles ont un rôle fondamental pour donner un ordre à l'action collective. Mais, le management a aussi tout intérêt à penser que tout se passe selon les procédures.

Le manager est conduit, par intérêt mais aussi par un effet de conditionnement du contexte, à prendre sa rationalité pour… universelle et donc à en nier les limites. C'est bien humain, nous avons tendance, tous, à prendre nos désirs pour des réalités. On a là une première application directe de la loi n° 2[1].

3. Tout contrôler

La culture de l'ingénieur ou du financier qui prévaut dans les cercles de dirigeant n'est pas la cause de tout. La loi n° 1 s'applique aussi au dirigeant qui ne compte pas que des amis. Au centre de luttes de pouvoir, il est particulièrement poussé à prendre des positions défensives.

Dans ce contexte délicat, reconnaître l'existence d'un problème, c'est donner à ses ennemis des bâtons pour se faire battre. Le dirigeant est soucieux de maîtriser l'information qui sort de chez lui. Tout contrôler, ne rien déléguer, centraliser. Ce souci frôle, chez certains dirigeants, la paranoïa. On retrouve ici une des applications de la stratégie du rentier.

Dans de grandes entreprises françaises, je ne dévoile là aucun secret, nombreux sont les cadres, même de rang dit « supérieur », qui se plaignent du manque de confiance de leurs dirigeants à leur égard. Le fonctionnement de l'élite française fait du contrôle et de l'incapacité à déléguer, un point de blocage énorme à l'efficacité. Comment faire accepter le changement, si la solution a été préparée par un petit groupe d'initiés ?

---

1. De manière plus scientifique, Festinger appelle cela la « dissonance cognitive ». Quand la réalité est contraire à notre opinion, nous sommes prêts à nier la réalité ou à changer nos valeurs pour préserver notre cohérence. Ainsi s'expliquent les écarts, déjà notés, entre ce que le management dit et ce qu'il fait.

Pour nombre de patrons, l'agenda est figé 6 à 8 mois à l'avance. Les journées du dirigeant commencent à 7 h 00 pour se terminer à 21 h 00 mais une grande partie de l'énergie à été dépensée, inefficacement, à se protéger de jeux de pouvoir (et donc à y participer).

Les hommes des états-majors se plaignent, tout bas, des rythmes de travail infernaux, du manque de temps pour se poser, réfléchir et travailler intelligemment sur les questions de fond, de n'avoir aucune maîtrise sur un agenda vite rempli par la cohorte de réunions qu'impose le système. Ils expriment leur frustration de devoir, presque chaque jour, défaire le soir ce qui a été péniblement élaboré le matin.

Il est vrai que les questions de stratégie se partagent rarement sur la place publique.

Cette vision qui réduit l'organisation à une machine, sévit particulièrement dans les hautes sphères des entreprises privées et publiques. Comment partager des décisions avec ceux qui, compte tenu de leur place dans l'entreprise ne peuvent de toute façon que les subir.

Bref, si les salariés n'ont pas une grande confiance en leurs dirigeants, ceux-ci leur rendent bien, semble-t-il !

4. Le clonage

S'il survalorise la règle dans l'espoir de mettre les réseaux informels au pas, le dirigeant, lui-même, appartient à des groupes informels. Il développe des réseaux internes, mais aussi externes, avec les banques, les actionnaires et d'autres dirigeants, réseaux qui jouent un rôle fondamental dans la réussite ou l'échec de sa stratégie.

En interne, les mécanismes d'allégeance au siège ont parfois des effets dévastateurs. Certains seraient promus, dit-on, en raison de leur entregent et de leur art politique consommé, et non pas en raison de leurs compétences. Ou du moins, sont-ils perçus comme tel, ce qui revient au même : il leur est difficile d'être des leaders crédibles. Les gens ont le sentiment désagréable de travailler pour la carrière de quelques arrivistes.

Le dirigeant n'est-il pas, comme le corbeau de la fable, entouré de courtisans qui cherchent tous à le flatter pour obtenir ses faveurs ? Nombreux sont ceux qui ont intérêt à entretenir le mythe du chef infaillible. À commencer par le consultant, maître Renard.

D'autres dirigeants n'écoutent que des personnes de leur « rang ». Qui se ressemble s'assemble. Dans certaines entreprises, un processus de clonage se met en place, qui sécrète autour du dirigeant un écran protecteur.

Qu'il est doux de prendre ses désirs pour la réalité. Et quelle grande satisfaction de croire que l'on contrôle la situation ! Miroir, mon beau miroir, ai-je bien la situation sous contrôle, trouveras-tu une poussière pour ternir mon rayonnement ou nier mon autorité ?

Comme le note A. Zaleznik, « le pouvoir permet... soit directement soit par procuration, d'abolir les contraintes qui sont fréquemment perçues comme insupportables. L'exercice du pouvoir procure parfois les occasions de donner vie à des fantasmes qui étaient associés à un déni de réalité[1] ».

Ceux qui ont du pouvoir manifestent, paraît-il, moins de stress que ceux qui n'en ont pas. Le mythe protège l'estime de soi, l'identité profonde. Le sentiment exagéré de sécurité que donne l'appartenance à une élite peut obscurcir la capacité d'observation. Les outils de management peuvent donner un sentiment d'invincibilité. C'est bien la surestimation du formel qui est ici encouragée.

---

1. A. Zaleznik, *Les ressorts de l'action,* InterÉditions, 1994, page 160.

Loi n° 3 : le dirigeant surestime la règle

La formation « à la française » de nos élites est en partie responsable de l'attrait pour les modèles rationnels[1]. Mais cette emprise n'est pas spécifiquement française. Edgar Schein, professeur au MIT fait les mêmes observations concernant les dirigeants américains, pourtant censés être plus pragmatiques.

---

1. Voir notamment Michel Crozier, *La crise de l'intelligence,* InterÉditions, 1995.

Résumé

Plusieurs facteurs comme la pression des résultats et les contraintes de la décision stratégique éloigne le dirigeant du reste du monde de l'entreprise qui se réduit à la métaphore de la machine. La loi N° 3 se met en place avec l'hypertrophie de la règle et la myopie du formel.

CHAPITRE 4

Loi n° 4 : les salariés surestiment le réseau relationnel

1. Les attentes et les leviers des salariés

L'individu cherche à développer son autonomie et à réduire sa dépendance. Il a besoin d'une certaine prévisibilité de son environnement pour pouvoir s'engager. Voici les cinq principales sources de dépendance pour un individu :

1. Les aléas de son contexte de travail : tout ce qui peut dégrader ses conditions de travail et ses relations avec ses clients et fournisseurs.

2. La hiérarchie, quand elle maîtrise les leviers de la sanction positive ou négative.

3. Les fonctions et ressources à maîtriser pour exercer son rôle normalement dans les processus transversaux de l'entreprise.

4. Les grandes évolutions de l'entreprise, les atouts, les menaces, les options stratégiques et les projets (être la cible d'une fusion, subir un retournement de conjoncture, découvrir une nouvelle molécule, lancer un nouveau modèle, exécuter une délocalisation…).

5. La place de son unité d'appartenance dans les processus et dans la chaîne de valeur de l'entreprise. (Occupe-t-elle une position centrale, ou bien dépend-elle pour sa survie d'autres structures, sur lesquelles elle n'a aucun pouvoir, comme un réseau de vente peut dépendre des nouveaux produits élaborés par la R&D ?)

Face à ces cinq sources d'incertitude, l'individu doit mettre en place des parades qui lui procurent un niveau suffisant de confiance. Lesquelles ? L'individu dispose essentiellement des ressources suivantes : sa tribu d'appartenance et son réseau personnel transversal.

2. La tribu avant tout

Le problème est que la rupture de confiance provient aussi du bas. Adoptons un moment le point de vue de la partie immergée de l'iceberg et découvrons la loi n° 4 : les salariés et les cadres surestiment le réseau informel.

Quand nous parlons du monde des salariés, par opposition au monde des dirigeants, nous ne nous référons pas à une opposition frontale entre deux blocs, clairement définis et séparés par une frontière tangible. Il existe deux raisons à cela.

D'une part, nous nous situons sur le plan des cultures pour montrer en quoi certains filtres se mettent en place selon que l'on est du côté du sommet stratégique ou de la base opérationnelle de l'entreprise.

D'autre part, le « monde des salariés » d'une entreprise, que l'on appelle également le monde des opérationnels, est lui-même extrêmement hétérogène, se diversifiant en autant de sous-groupes dotés d'une culture propre qu'il y a de fonctions, de métiers, de pays ou de sites différents. Ce monde peut également être éclaté entre de multiple baronnies marquant leur territoire par des stratégies de cloisonnement différenciées.

« L'entraide »

Plus une unité opérationnelle est spécialisée ou éloignée du centre de décision et plus elle va apprendre à ne compter que sur ses propres forces.

Les équipes de base, proches des incertitudes fortes de l'entreprise (par exemple, les demandes imprévisibles du client ou les pannes possibles de l'outil de production) tendent à partager une même culture, traduction de la solidarité et de l'entraide nécessaires entre membres.

C'est en partageant l'information que l'on relève les difficultés. L'appartenance à un groupe fort et soudé constitue un remède contre l'angoisse. Cette culture et cette identité constituent de formidables atouts pour mobiliser les collaborateurs et assurer un travail efficace par la coopération dans la confiance.

Certains facteurs, comme la polyvalence, contribuent à renforcer l'esprit d'équipe.

Le bureau de poste

Dans un bureau de poste, les guichetiers sont d'autant plus solidaires que les guichets sont déspécialisés. D'une part chaque agent, à son poste, doit pouvoir assurer tous les services demandés. D'autre part, seule la grande coopération permet au groupe humain de faire face à la complexité des situations et aux modifications fortes des flux d'activité.

Le service hospitalier

On retrouvera ces fonctionnements décuplés dans les services hospitaliers de réanimation. C'est le monde de l'interaction humaine indispensable pour faire le travail. Face aux imprévus, les acteurs du groupe opérationnel sont interdépendants. Médecins, internes, infirmières, aides soignantes, encadrement, médico-techniques, chacun apprend à anticiper sur les contraintes des uns et des autres. La pression 24H/24H, le risque à chaque instant, les enjeux de vie et de mort, l'incertitude sur l'évaluation de la situation du malade, les multiples causes possibles d'incidents sans possibilité de prise de recul, les urgences et les variations d'activité, l'anxiété des familles, le stress, toute cela incite à s'appuyer sur le fonctionnement du groupe.

Tout groupe humain, resserré sur une tâche, va développer un langage, des normes de comportement, une identité propre. Il y a ainsi des gens qui ont l'habitude des ambiances plus conviviales et solidaires des sites industriels et qui se trouvent malheureux une fois nommé au siège. Si les conditions de travail y sont souvent meilleures, ils ont du mal à s'acclimater aux convenances et aux règles implicites qui régissent les relations.

Dans les organisations à réseaux, cet esprit de « tribu » anime souvent les unités locales comme le relate le cas suivant.

Une complicité à double tranchant

Cet atelier réfléchit aux leviers à la disposition du manager d'unité locale pour motiver son équipe.

Après une séquence permettant à chacun de se présenter, le travail de réflexion démarre. Les interventions fusent, égrenées de plaisanteries, souvent grivoises, dans ce groupe où l'on ne compte que deux femmes pour vingt-cinq hommes (le terme « pour » est décidément facétieux), mais vers lesquelles convergent une bonne partie de l'attention, dans une atmosphère simple et chaleureuse.

Si l'ambiance est décontractée, le groupe reste toujours concentré sur l'objectif. Il se fait tard, le moment de la synthèse des travaux arrive.

J'écoute les conclusions du groupe. Certains points me surprennent. En tête de liste apparaissent les leviers suivants : communication authentique, confiance, transparence, esprit d'équipe, climat convivial, valorisation de ce qui marche bien, écoute active, disponibilité, soutien, leadership.

Nous avons là un phénomène de tribu à deux niveaux. Le profil du manager, tout entier orienté vers le soutien aux équipes, montre que les groupes opérationnels locaux se vivent bien comme des tribus. Le ton décontracté et la bonne humeur partagée soulignent que les managers ont eux-mêmes le sentiment de constituer une tribu.

Mais, ce qui rapproche les membres d'une même tribu est également ce qui éloigne deux tribus.

Nous tendons à créer des langages correspondant à nos centres de préoccupation. Le chaudronnier et l'électronicien intervenant sur un même équipement ne parlent pas le même langage, ni ne partagent totalement les mêmes enjeux. Le service de maintenance, l'informatique, la R&D constitue chacun un sous-monde de l'entreprise, avec son langage propre.

Le groupe se forge une identité autour d'un espace géographiquement délimité. Il sépare clairement ceux qui en font partie de ceux qui en sont exclus. La pression à la conformité écarte les déviants. Inversement le groupe gagne en cohésion par sa capacité à répondre aux besoins de ses membres.

L'identité fait la force

L'identité est ce qui permet à un individu ou à un groupe d'exister dans sa spécificité. Plusieurs dimensions lui donnent de l'épaisseur : le travail lui-même, le groupe et le lieu d'appartenance, la légitimité de l'autorité, les finalités de l'entreprise et les relations.

Je me réfère souvent aux hommes des services de la qualité pour expliquer les ressorts de l'identité. L'entreprise orientée qualité met l'accent sur la prévention. Mais, dans les faits, la prévention est rarement valorisée, car elle est peu visible. Dans un site sidérurgique, par exemple, descendre dans le train à bande du laminoir pour réparer « en temps réel » la machine et sauver la production est à la fois plus visible et plus excitant que l'application routinière d'une procédure qualité.

Les hommes du terrain mettent l'accent sur les grains de sable qui bloquent la machine, les aléas qui ne sont pas prévus par les procédures. Leur valeur ajoutée, ils ne la voient pas dans la bonne exécution d'une règle conçue par plus intelligents qu'eux, mais dans les gestes concrets qu'ils effectuent pour éviter un incident non prévu. Bref, ils mettent leur fierté dans ce qu'ils apportent d'indispensable pour remédier aux insuffisances des règles.

Comme le souligne Maurice Thévenet : « L'implication dans le travail est une expérience personnelle forte, intense. Les autres y ont sans doute leur importance mais ce n'est pas en fonction d'eux qu'elle est ressentie[1]. »

---

1. Dans *Le plaisir de travailler,* Éditions d'Organisation, p. 38.

Face à des contraintes toujours accrues, les opérationnels locaux sont à la recherche de marges de manœuvre, y compris en contournant les règles. Ils y puisent les ingrédients de leur caractère unique, donc de leur identité.

Le groupe développe des règles de survie, comme les pygmées analysés par Kets de Vries[1]. La confiance entre les membres est fondée sur la transparence, garantie de la survie.

Là aussi, prévenons les objections. Nous ne disons pas que les tribus opérationnelles sont des oasis de sérénité inondées d'amour partagé. Le marigot n'est jamais loin de l'oasis ! Mais l'expérience montre que les tribus qui fonctionnent le mieux sont plutôt celles qui appliquent les principes de l'équipe.

3. Des exigences impossibles

L'identité propre de chaque unité spécialisée au sein d'une entreprise tend à éloigner un peu plus l'unité locale du reste de l'entreprise et singulièrement de l'état-major. L'unité analyse ce qui vient de la direction générale au travers du prisme déformant de sa culture et de ses intérêts locaux.

L'attente de transparence et de reconnaissance

Nous sommes très proches d'un mécanisme de défense que l'on appelle la projection. Elle « consiste à attribuer à un objet du monde extérieur les pulsions, idées et fantasmes insupportables qui proviennent de l'intérieur du psychisme ».[2]

---

1. *Combat contre l'irrationalité des managers,* Éditions d'Organisation, 2002.
2. A. Zaleznik, *op. cit.,* page 162.

Les managers de tribu et leurs équipes attendent de leurs dirigeants la même démonstration de transparence et d'écoute que celle qui règne dans le groupe local. Nous sommes face à la loi N° 4, les salariés surestiment l'informel. Ils imaginent que le reste du monde devrait fonctionner selon les règles de convivialité et d'entraide qui marchent si bien pour eux.

Nous devinons déjà les difficultés qui vont naître dans cette demande latente : comment les dirigeants pourront-ils, compte tenu des contraintes liées à leur fonction, répondre à ces attentes de transparence et de proximité ?

Le bon sens indique qu'une telle exigence est trop pure pour être honnête. La tartuferie n'est pas du côté que l'on croit. Le dirigeant doit garder des marges de manœuvre pour saisir les opportunités stratégiques qui se présentent. Il ne peut pas tout anticiper, ni trop s'engager. Les attentes de transparence sont l'expression d'une demande unilatérale, bien peu réaliste.

Cette transparence, au niveau exigé, le management ne peut leur accorder.

La tribu désigne son maître

La tribu opérationnelle est son propre horizon : elle sait qu'elle est la vérité du métier. Ceci entraîne deux conséquences. D'une part, la tribu s'autorise à dire qui, dans le management, est légitime. Bien sûr, tout responsable hiérarchique est, dans des conditions normales de fonctionnement, légitime. Il n'empêche, la tribu tient à sa propre grille. D'autre part, il est difficile pour un manager de trouver les leviers de motivation d'une tribu. Elle sait le faire toute seule.

Tout oppose, dans ce cas, la culture des tribus opérationnelles à celle du management. C'est ce mécanisme qu'il nous faut à présent analyser.

Résumé

Les forces opérationnelles trouvent dans leurs valeurs spécifiques (transparence, entraide, confiance mutuelle) les sources de leur identité. La loi n° 4 s'exprime alors ainsi : les forces opérationnelles voudraient que leurs valeurs s'imposent à tous comme des règles du jeu partagées.

CHAPITRE 5

Loi n° 5 : chacun voudrait que l'autre fonctionne selon son désir

En fait, chacun voudrait que l'autre fonctionne selon son désir et donc que l'autre soit, en quelque sorte, à sa botte. Les dirigeants ne voient qu'excuse et échappatoire dans l'aléa (problème, événement, dysfonctionnement…) dont les salariés se justifient pour expliquer l'écart par rapport au comportement attendu. Autrement dit, chacun nie la légitimité, ou la réalité, de l'aléa pour l'autre.

Le dirigeant estime ne pas avoir à entendre parler de problèmes opérationnels, puisque l'entreprise est une machine bien huilée. Le collaborateur estime qu'il n'y a pas de problème stratégique qui puisse empêcher le dirigeant de faire ce qu'il dit, puisqu'il doit être exemplaire et transparent, comme un chef de tribu local.

Nous avons mis en évidence les attentes réciproques des uns et des autres. Passons à la dynamique des échanges entre eux. À quoi assistons-nous ?

1. La clé de la défiance

Confidentialité contre transparence

D'une part, les managers intermédiaires et les collaborateurs attendent le même niveau de transparence de la part de leurs dirigeants que celui qu'ils pratiquent (ou pensent pratiquer) dans leurs sous-groupes d'appartenance.

D'autre part, lorsqu'un changement de cap se dessine, le dirigeant aimerait bien tester des idées auprès des cadres intermédiaires. Mais tester des idées, ça veut dire que le manager local sache tenir sa langue ! Impossible pour ce dernier, qui assoie sa crédibilité sur la transparence totale avec ses équipes. Le meilleur moyen pour qu'un secret soit connu de tous est de le confier à un cadre intermédiaire. Le responsable hiérarchique hésite à impliquer ses cadres en amont des décisions, car leur trop grande proximité au terrain l'inquiète. Il craint justement que les confidences et autres informations sensibles ne soient vite divulguées.

Le dirigeant ne fait donc pas participer ses managers intermédiaires à l'élaboration stratégique. Il entrera en communication quand les choses seront mûres et irréversibles. Échec assuré : au final, l'encadrement intermédiaire a le sentiment que les solutions lui sont imposées. Ainsi s'explique pourquoi, le « management participatif » est rarement pratiqué de manière extensive.

Le dirigeant est conduit à ne pas faire ce qu'il dit, puis à nier les écarts, avec les mêmes conséquences dommageables pour sa crédibilité. Les gens décrochent vite du discours et ne savent plus que croire.

Se sentant dépourvu vis-à-vis de ce management supérieur qu'il déchiffre mal, le manager local se replie sur son équipe. La méfiance fait sa place. Elle peut prendre la forme de « produit dérivé » comme le blocage, le dos rond ou la rétention d'information en retour, par exemple. La culture locale de la proximité s'oppose à la culture managériale de la confidentialité.

L'écart perçu entre le discours et la pratique est parfois tel que les cadres du sommet sont perçus comme une caste. Plus le groupe est grand et plus ce phénomène prend de l'ampleur par la multi-plication des strates hiérarchiques. La rupture dirigeants-tribus se décompose en une série de micro-coupures dont la logique d'ensemble échappe au plus grand nombre. Cela peut commencer par un manque de cohérence au sein même de l'équipe de direc-tion, se poursuivre par des rétentions d'information au niveau de baronnies animées par certains dirigeants de fonction, de branche, de métier ou de pays, pour se conclure par des ramifications mul-tiples au sein des filiales, des établissements ou de sites locaux.

La situation inverse, contrairement à ce que l'on pourrait penser, n'est pas plus avantageuse. Il peut arriver qu'un dirigeant décide de mettre dans la confidence un cadre intermédiaire qui lui paraît fiable. Cela signifie que la coupure de communication se situera plus bas dans la hiérarchie. À l'école, le reste de la classe se méfie et tient à l'écart de ses secrets partagés celui qui s'assoie devant, près du maître. Le cadre intermédiaire, lui, risque d'être catalogué comme un « béni-oui-oui ».

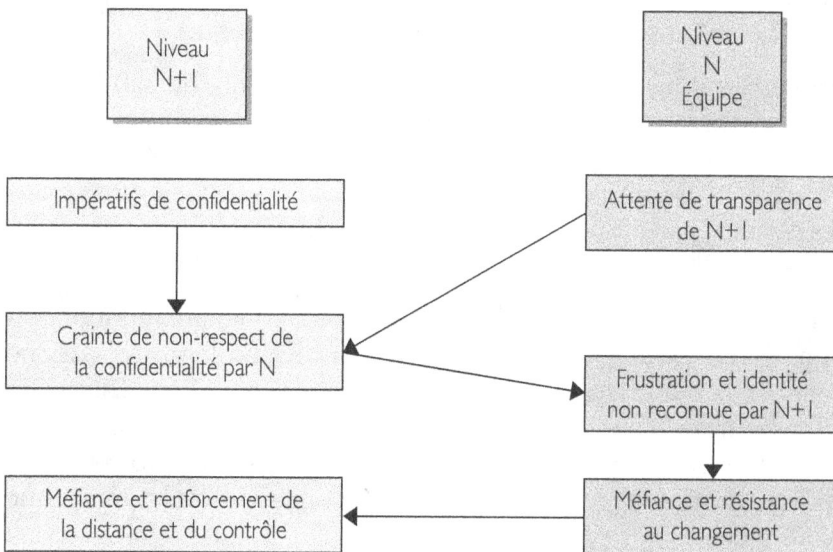

Les mécanismes de la défiance dans l'entreprise

Des cultures impénétrables à l'autre

Chaque sous-groupe distille sa propre culture idiosyncrasique, faite de complicité, de secrets et d'expérience partagées. Difficile pour le dirigeant, et pour quiconque extérieur à ce monde, de percer cette logique de l'informel. Il reste un étranger. Ce qui unit un groupe et en fait sa force, ce sont précisément ces confidences réservées au groupe. L'inverse est vrai pour les salariés qui ne participent pas au groupe de la direction générale : impossible pour eux de connaître les critères tacites qui pèsent sur les choix des dirigeants.

Le vaudeville organisationnel

Ce face à face entre le management et l'individu est émaillé d'une série de quiproquos.

D'abord, l'ensemble des outils mis à disposition du management pour obtenir de la cohérence est perçu par le salarié, essentiellement, comme une contrainte, une délimitation de sa marge de manœuvre. Il lui faut suivre les règles et atteindre les objectifs fixés sous peine de sanctions. C'est le premier quiproquo.

En retour, l'organisation offre aussi des éléments de satisfaction, par exemple : rémunération, formation, conditions et climat de travail, appartenance à un groupe reconnu, intérêt du travail et développement personnel. Mais ces dispositifs ne rassasieront jamais les attentes sans fin du désir mimétique. L'individu sera donc toujours insatisfait. Voilà le deuxième quiproquo.

Troisième et dernier quiproquo : pour l'individu, l'organisation, ou l'entreprise en tant qu'entité structurée avec son management, ne rentre pas dans son dispositif de survie au quotidien. L'individu trouve appui dans son tissu relationnel, à côté, voire contre, les structures et les processus officiels de l'organisation. Nous l'avons dit, l'organisation avec ses zones de confiance est comme une carte météo.

La vie organisationnelle a donc tout du vaudeville. L'entreprise assure à ses salariés qu'elle peut combler leurs désirs d'autant plus que ceux-ci acceptent, en retour, de réduire leur autonomie pour s'inscrire dans l'effort commun. L'individu s'appuie, avant tout, sur son réseau relationnel de proximité, sa tribu locale, pour gérer au mieux ses situations de travail, en préservant son autonomie, tout en attendant des rétributions et la reconnaissance de l'entreprise.

2. Les facteurs aggravants

La pression à la confidentialité

Pas facile d'être dirigeant ! S'il lève un voile sur des mouvements stratégiques en cours (réduction d'effectif, délocalisation d'activité, fusion de service,...) et s'exprime sur leurs conséquences : c'est la révolution. Mais la « vérité » masquée peut être un jour révélée. Comme il ne peut courir le risque d'être pris en porte-à-faux, il est obligé de nier et le déni creuse encore plus les distances.

Les exemples sont multiples.

> Jean-Michel B. est dans une situation délicate. Le département dont il a la charge est insuffisamment rentable par rapport aux normes du groupe. Sa direction générale, distante, lui impose des objectifs très tendus. Il décline ces objectifs au niveau de ses collaborateurs. Tout le monde, dans le département, estime que ces objectifs sont irréalistes. Jean-Michel B. ne veut rien entendre. En fait, il est surtout très en retard sur ses propres objectifs et il a maintenant « sa tête sur le billot ». Mais ça il ne peut pas le dire.

D'après une étude d'Euro RSCG Publishing réalisée auprès de 40 journaux d'entreprise, les entreprises pratiquent « le silence radio sur les couacs, les ratés, toutes les informations sensibles ou fragilisantes » dans leur communication interne et externe[1]. Il est vrai que, bien souvent, les contraintes juridiques et les groupes de pression de tout bord ne facilitent pas la communication directe.

---

1. *Liaisons sociales* n° 45, Octobre 2003, « Ça va bien, même quand ça va mal », Anne Fairise.

L'absence d'écoute, la pression à la normalité sapent la confiance mais touchent aussi les capacités d'innovation de l'entreprise.

Citant une enquête d'*Usine Nouvelle*, Isaac Guets souligne que « la non-prise en compte des idées des salariés constitue, en France, la cause numéro un de leur départ »[1].

C'est pourquoi « il faut se libérer de la tyrannie du raisonnement rationnel, ne pas tout envisager sous l'angle de l'utilité, insister sur les expériences négatives du passé » propose Gottlieb Guntern[2].

Le capital humain, valeur prioritaire

La contradiction est avivée par le fait que le management, pour assurer la cohérence d'ensemble, fait appel à l'esprit d'équipe, vertu cardinale des troupes locales, comme nous l'avons abordé dans l'introduction.

Les dirigeants, soucieux de rassembler leur personnel autour d'un objectif commun, mettent en avant les valeurs fédératrices communiquées pour être partagées et sanctionnent les comportements inappropriés. Ils en appellent naturellement à la coopération pour assurer une convergence des efforts au moindre coût et stigmatisent les cloisonnements. La communication interne fait du capital humain le premier actif de l'entreprise.

En même temps, dans les pratiques quotidiennes, les politiques de ressources humaines ne suivent pas toujours. Ainsi, l'Agirc note que le taux de chômage des cadres quinquagénaires dépasse la moyenne de la population. « *La* raison ? Mettre un cadre en préretraite coûte beaucoup plus cher aux entreprises, alors qu'un licen-

---

1. *Les Échos* des 8 et 9 août 2003, « Les idées qui mènent le monde ».
2. *Les Échos* du 4 novembre 2003, « Innovation : une démarche collective » de Ronan Chatellier.

ciement, qui permet de toucher des indemnités, exonère l'employeur de ce surcoût, lequel est pris en charge par l'assurance chômage… Voilà comment nombre d'entreprises font payer par la collectivité la renouvellement de leurs pyramide des âges. »[1]

De la liberté sans responsabilité à la responsabilité sans liberté

Les évolutions du contexte accroissent aussi la pression sur les opérationnels. Sous la contrainte de la concurrence et pour répondre toujours mieux aux besoins de leurs clients, des formes d'organisation transversale et des unités polyvalentes par segment de clientèle se sont multipliées dans les entreprises, cassant la verticalité taylorienne et dévisageant la structure familière de nos bureaucraties. C'est la victoire de l'organisation par processus.

Accompagnées d'un mouvement d'*empowerment*, ces transformations tendent à augmenter le niveau de responsabilité des managers en première ligne. Sur ce plan, beaucoup s'en félicitent : fini les parapheurs circulant dans les étages à la recherche de signatures pour débloquer l'action.

Les gens de la base d'ailleurs veulent tous avoir des patrons qui décident et non plus des chefs dont le seul apport serait la technique ou le contrôle. Mais ce mouvement de responsabilisation s'accompagne d'une autre transformation : la mise sous tension des activités. Zéro délai, zéro stock, engagement sur résultats, élimination des redondances, formalisation des processus : donc zéro marge de manœuvre.

Le manager opérait encore récemment dans un monde où il avait peu de responsabilités, mais une certaine liberté dans son agenda quotidien. Il passe à un monde où il a plus de responsabilités, accompagnées des sanctions positives et négatives correspondan-

---

1. *Les Échos*, « Le chômage, préretraite déguisée des cadres quinquagénaires » Leïla de Comarmond, 9 décembre 2003.

tes, mais où il n'a quasiment plus de liberté pour organiser son travail. Les processus, comme des rails, guident son action, découpent et remplissent sont agenda. Cette pression renforce le besoin d'écoute, vite déçu…

On peut ainsi faire le constat suivant : la décentralisation et la mise en place du management par objectif se traduisent en fait, paradoxalement, par une « taylorisation » accrue de l'entreprise. En effet, ce qui gagne du terrain, c'est la mise sous contrôle des processus, tant ceux interfaçant avec le client, qu'en interne. Chacun trouve dans l'organisation par processus une protection et la bureaucratie revient à grand-pas.

Dans les entreprises publiques, certaines contraintes particulières infléchissent la pratique du management par objectif dans le sens d'une rigidité encore plus grande. Qu'est-ce que le management par objectif ? La création d'un lien entre une performance et des ressources nécessaires. Dans le secteur privé, on peut en général jouer sur deux leviers, les ressources et les revenus. Dans le secteur public, il est rare que l'on ait, localement, une marge d'influence sur les revenus. Reste les ressources. Pour un niveau de performance donné, l'amélioration des indicateurs passe par une pression accrue sur les ressources.

L'écart constaté entre ce que l'outil est censé apporter (autonomie et capacité de décision) et le résultat effectif, nourrit le doute et le scepticisme sur le discours du management.

3. Les coûts induits

Les mécanismes de la loi N° 5 ne sont pas toujours visibles, ni mesurables. Chacun peut s'abriter derrière l'argument qu'ils sont insaisissables pour faire comme s'ils n'existaient pas et se convaincre un peu plus que, décidément, il n'y a rien à faire. Il est possible toutefois d'en évaluer les impacts, les effets négatifs pour essayer de sensibiliser les acteurs de l'entreprise, à commencer par les décideurs, à un phénomène dont une partie est sans doute inévitable.

Des cadres et des salariés en retrait

Quand une personne perd confiance, elle met en place des mécanismes de protection, les mécanismes de défense, qui entravent l'efficacité des relations.

Il ne faut pas s'étonner dans ce cas si beaucoup d'employés se réfugient dans l'individualisme, le retrait, voire le cynisme. Et les DRH de s'essouffler à trouver des formules magiques pour mobiliser les troupes, car il faut bien la gagner cette sacrée guerre commerciale !

La résistance au changement est une traduction directe de ce manque de confiance : je résiste, car je pense y perdre, car je n'ai pas confiance.

Si vous additionnez les bataillons de tous ceux qui cherchent à se rendre indispensables aux déçus du management, vous voyez que le camp du cynisme n'est pas prêt de perdre du territoire dans nos belles organisations, du privé comme du public. Nous retrouvons nos 62 % de « distants » du début du livre. CQFD.

Le développement d'une culture d'opposition

La nature a horreur du vide. La soif d'autonomie des opérationnels, non reconnue, va trouver à s'exprimer en créant des marges de manœuvre, au besoin en contournant les règles et les procédures en place.

Pour échapper aux contraintes, ou développer des activités qui leur plaisent vraiment ou qui correspondent aux attentes des parties prenantes locales, les opérationnels vont s'efforcer, par différents moyens, de contourner les modalités du *reporting* pour développer, clandestinement leurs propres pratiques.

Ne se sentant ni reconnus ni soutenus par un management jugé lointain, beaucoup d'opérationnels développent une culture d'opposition à la ligne centrale. Cette opposition n'est pas forcément celle des salariés de base qui se désinvestissent du travail. C'est aussi celle de managers qui disposent suffisamment de marge de manœuvre pour s'organiser en « baronnie ».

Résumé

Les tribus de salariés mettent en avant les valeurs humaines (transparence, mutualisation, respect, proximité) qui leur permettent de réussir ou de survivre dans des contextes difficiles. Elles voudraient que les dirigeants s'y collent aussi. Pour les dirigeants, il faut, au contraire toujours garder les mains libres pour faire les choix stratégiques pertinents. Cette opposition des attentes et des intérêts entretient la défiance.

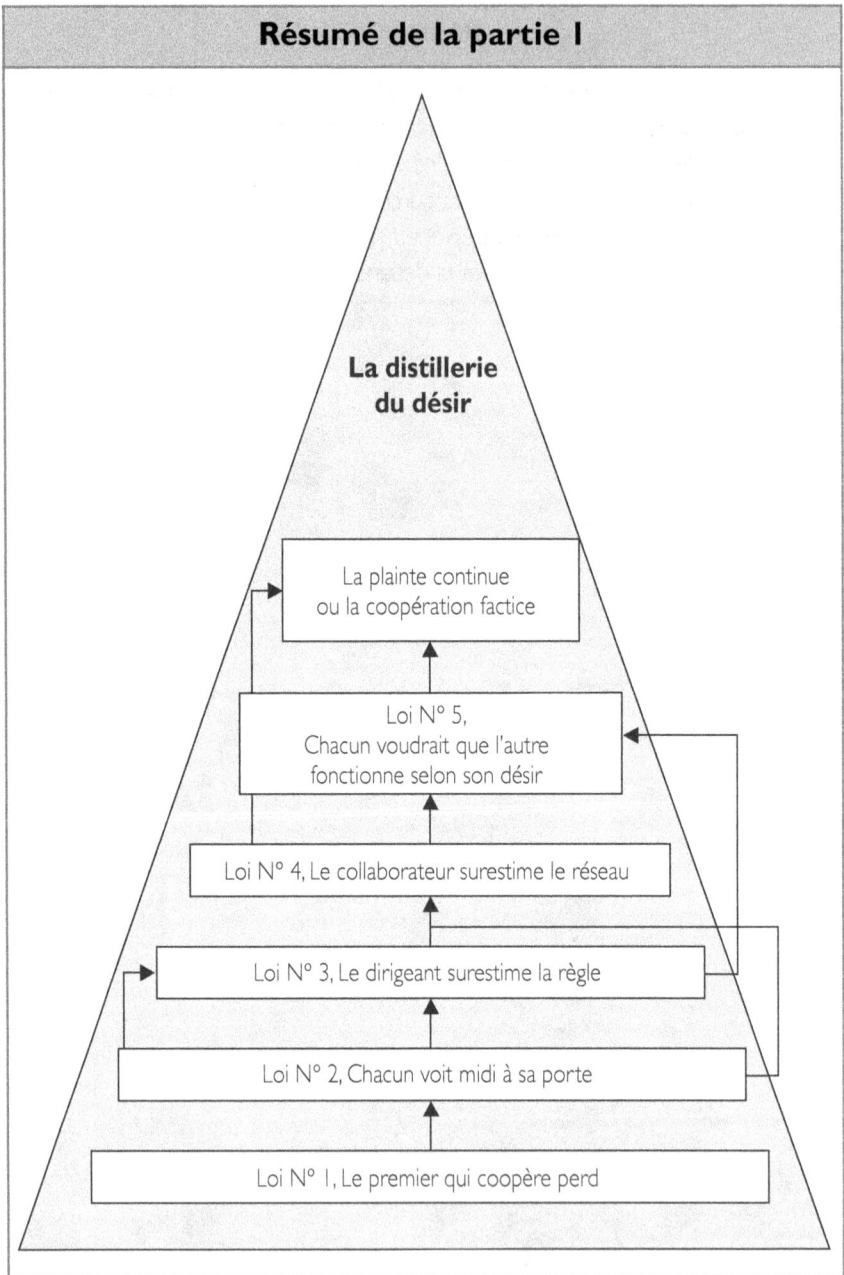

Résumé de la partie I

**La distillerie
du désir**

La plainte continue
ou la coopération factice

Loi N° 5,
Chacun voudrait que l'autre
fonctionne selon son désir

Loi N° 4, Le collaborateur surestime le réseau

Loi N° 3, Le dirigeant surestime la règle

Loi N° 2, Chacun voit midi à sa porte

Loi N° 1, Le premier qui coopère perd

Loi n° 5 : chacun voudrait que l'autre fonctionne selon son désir

Les 5 lois du mécanisme se montrent d'une redoutable efficacité. On comprend bien l'intérêt du dirigeant à mettre sous contrôle l'organisation, lui qui est pressé par le marché et ses actionnaires.

On comprend aussi pourquoi les demandes fondamentales du salarié ne peuvent être que partiellement satisfaites. Mais on peut se demander pourquoi chacun continue de déployer des stratégies qui, au total, s'avèrent peu efficaces, quand elles ne sont pas totalement contre-productives.

Pourquoi est-il si compliqué d'instaurer un fonctionnement différent ?

PARTIE II

Patron obsessionnel, patron hystérique

Pourquoi dirigeants et salariés, a priori *lucides et de bonne foi, se laissent-ils entraîner dans ce mouvement de la défiance, tout en s'étonnant qu'aucun remède n'y mette fin ? Ils n'ont simplement pas conscience de subir les 5 lois. Ils sont aveugles à leurs propres mécanismes de défense dont la caractéristique est justement de demeurer invisibles.*

L'autre jour, j'écoutais un conférencier qui nous racontait, fort brillamment, les affres et les joies du créateur d'entreprise. Menacé à un moment de faillite, il nous expliquait comment, par ténacité, il avait finalement franchit les obstacles du démarrage. Et de nous asséner un premier enseignement : on apprend plus de ses échecs que de ses succès. Ce qu'il ne nous dit pas, c'est pourquoi ceci constitue un enseignement pour lui. Pourquoi était-il aveugle aux conditions de création d'entreprise avant de s'y lancer ? Bref, l'intérêt est dans ce qu'il ne dit pas. Sa grille de lecture, caché aux autres et à lui-même, sans doute.

Ce que le dirigeant et le salarié ou le créateur d'entreprise voient et disent nous révèlent leur réalité intérieure : leur structure psychi-

que. C'est elle qui, incognito, comme le souffleur au théâtre, leur dicte leurs textes et leurs comportements.

Les structures psychiques individuelles influencent l'efficacité collective d'une entreprise par le poids qu'elles exercent sur le choix des décisions, les processus de communication et les stratégies des autres acteurs. Plus la personne peut mobiliser un grand nombre de leviers et plus elle peut influencer la logique d'une organisation. C'est pourquoi nous allons nous intéresser dans un premier temps aux structures psychiques des dirigeants.

CHAPITRE 6

Deux structures psychiques

Les psy distinguent deux grands types de personnalité ou structures psychiques : l'hystérie et l'obsession[1]. Il existe, bien sûr, d'autres structures psychiques, comme la paranoïa ou la schizophrénie. Dans un souci de souplesse et de simplicité, nous nous centrerons sur ce binôme qui contient déjà une capacité d'explication considérable.

Quand nous utilisons le terme hystérie nous n'avons pas à l'idée les extravagances de la Castafiore, ni côté obsession, le mode répétitif du phraser des Dupond-Dupont dans *Tintin*[2], par exemple. Bien sûr, chacun pourra reconnaître dans ses relations de travail des personnages correspondant à cette typologie et la force d'albums comme ceux de *Tintin* est, notamment, de mettre en scène des personnages qui, de façon décalée, nous apparaissent comme plus vrais que nature. Mais ce serait fausser ces notions que d'y accoler des caricatures ou des jugements de valeur, quels qu'ils soient. Ces catégories sont des outils de travail pour comprendre la réalité, rien de plus.

---

1. S. Freud, *Cinq psychanalyses,* Puf, 1954.
2. *Les aventures de Tintin,* Hergé, Éditions Casterman.

Dans l'entreprise, les dirigeants et la technostructure (financiers et ingénieurs) suivent plutôt la logique de l'obsessionnel. Une minorité de dirigeants suit la logique hystérique. Les opérationnels de terrain, les tribus, sont plutôt sur la logique de l'hystérie.

Ces deux structures psychiques ne sont évidemment pas l'apanage de catégories limitées, elles sont mêmes partagées par le plus grand nombre, y compris vous et moi, seul le dosage change. Elles peuvent poser des problèmes, non pas en soi, mais parce que par définition, nous n'en avons pas conscience.

1. Portraits rapides

M. Kets de Vries utilise une classification voisine, « les volcans actifs », sujets à l'hypomanie, pour l'hystérique, et « les poissons morts », caractérisés par l'alexithymie, pour l'obsessionnel.[1]

Décrivons-les grossièrement. Les premiers sont charismatiques, enthousiastes, avides de stimulation, mais aussi manipulateurs. Les seconds, au contraire, expriment peu leurs émotions, restent centrés sur les faits et le respect des règles.

Le lecteur trouvera ici une synthèse rapide des caractéristiques des deux structures psychiques. Pour introduire le sujet, nous allons simplifier les modèles et nous appuyer sur des cas d'autant plus explicites qu'ils sont très marqués. En fait, les cas d'hystérie ou d'obsession « pures » sont rares.

Dans la plupart des situations nous aurons affaire à des personnes présentant un peu des deux composantes. L'important donc, dans un deuxième temps, est de pouvoir repérer le dosage hystérico-obsessionnel et d'identifier plus particulièrement quels domaines sont plus particulièrement investis par l'hystérie et ceux qui sont plus propices à l'obsession.

---

1. *Op. cit.*

L'HYSTÉRIE

Les caractéristiques de l'hystérique sont[1] :
- enthousiasme ;
- donner à voir, plaire, théâtralisme, maquillage ;
- perversité, fausseté, duplicité ;
- prise de risques ;
- semer le désordre, combattre l'ordre établi ;
- dépendance et suggestibilité ;
- recherche de la perfection ;
- ne pas s'engager, l'herbe est plus verte ailleurs ;
- échec et répétition.

On devine ce que pourra apporter l'hystérie à l'entreprise : prompte à casser les carcans, l'hystérie est l'alliée de la créativité et de l'innovation. L'hystérie, vecteur de charisme et d'enthousiasme, a un autre atout : elle laisse toute sa place au désir.

Vous avez sans doute déjà rencontré des hystériques. Voici quelques exemples.

> Ce dirigeant, toujours pressé, prépare une réunion avec un client. Ayant accepté un autre rendez-vous à la même heure, il se fait excuser et remplacer au dernier moment, à la grande surprise du client qui trouve le procédé cavalier.

> Cette responsable entame une litanie sur l'incompétence de son directeur et son incapacité à donner du sens au travail. Le téléphone sonne une première fois durant notre entretien. Elle ne répond pas. Le bruit de la sonnerie perturbe nos échanges. Le téléphone sonne une seconde fois, l'interlocuteur est décidément têtu. Que cela ne tienne, la responsable décroche le combiné du téléphone pour le reposer en croix sur le socle de l'appareil, sans répondre.

> Ce dirigeant plein d'énergie et bon orateur intervient dans un congrès pendant une heure sur un thème qu'il ignore complètement. Il improvise

---

1. *L'hystérique, le sexe et le médecin,* Lucien Israël, Masson, 1976.

sur un brouillon que ses équipes ont griffonné dans l'urgence. Personne n'en saura rien.

Ce président nomme comme directeur général un fidèle lieutenant sur lequel il ne tarit pas d'éloges. Pas pour longtemps. À peine quelques mois sont écoulés que déjà l'excellent directeur général ne fait plus l'affaire. Il est congédié comme un incapable. La place est prête pour le suivant et la ronde des directeurs généraux peut continuer…

L'OBSESSION

La structure obsessionnelle se présente ainsi[1] :
- organisation bureaucratique de l'existence (rite, répétition) ;
- contrôle de la situation, évitement du risque ;
- organisation et goût de l'ordre ;
- respect scrupuleux de la loi et de la règle ; bon élève ;
- doute, pensées magiques ;
- absence d'émotion, distance, secret ;
- absence d'écoute pas des demandes des autres ;
- camouflage des désirs illicites.

Là aussi, on devine les qualités que l'entreprise pourra rechercher dans l'obsession : la planification, l'organisation, l'efficacité et la maîtrise des activités.

Vous avez sans doute déjà rencontré des obsessionnels. Voici quelques exemples.

Ce dirigeant, banquier de son état, est notre client qui nous accueille dans sa maison. Il nous installe dans son salon. Puis, assis, un livre à la main, il nous lit très sérieusement, pendant dix minutes (qui nous semble une éternité), un extrait d'un livre savant de théorie économique, abstrait et complexe, comme s'il s'agissait d'une parole d'évangile.

Ce dirigeant accorde une très grande importance au niveau où se situe la ceinture de son pantalon. Régulièrement il la tâte, repère le niveau, et relève la taille de son pantalon, si nécessaire.

---

1. *L'enfer du devoir*, Denise Lachaud, Hachette, 1995.

Ce chef de projet informatique se concentre sur les délais et le paramétrage de l'application. Le nouveau système doit être mis en place dans toute l'Europe. Il n'écoute pas ceux qui lui expliquent qu'un grand nombre de filiales européennes rejètent ce nouveau système. Un an plus tard, l'application est entièrement paramétrée, mais nulle part mise en place.

Ce cadre ne s'entend pas avec son chef hiérarchique qu'il trouve trop pesant. Il contacte le directeur d'une autre division qu'il a coutume de rencontrer dans le cadre de projets transversaux pour sonder les opportunités de poste. Moins d'une heure après, son chef actuel l'appelle en lui disant : « Je suis au courant de tout, alors tu veux passer à l'ennemi ? »

Pour ce dirigeant un sou est un sou. Il épluche les notes de téléphone de ses collaborateurs. Il se veut irréprochable. Il n'a pas de bureau et partage l'espace avec ses équipiers. Il fait ce qu'il dit et dit ce qu'il fait. Et il le dit ! Tout est sentencieux. Quand il fait une promesse, c'est toujours sur la tête de quelqu'un de cher. C'est du sérieux.

L'obsession s'appuie parfois sur l'hystérie, de manière plus ou moins explicite, pour avancer et convaincre, et l'hystérie s'appuie sur l'obsession pour donner de la force à sa démarche.

2. L'hystérie et l'obsession dans le management

L'hystérique et l'obsessionnel sont deux réponses très différentes. Ces deux modèles sont tellement bien ancrés dans notre référentiel managérial que nous les pratiquons sans nous en rendre compte. Décodons ce questionnaire, apparemment anodin.

Illustration : un test de management[1]

Par exemple, dans un test de management, on vous demande de choisir entre les deux affirmations suivantes :

A – J'aime définir des objectifs
B – J'aime voir le résultat de mon travail

---

1. *Courrier cadres* du 14 au 27 août, « Êtes-vous un bon manager ? ».

Ou encore

A – Je suis toujours prêt à prendre la tête d'un nouveau projet
B – J'aime voir la réalisation concrète de ce que j'ai entrepris

Qu'avez-vous répondu, cher lecteur ? A ou B ?

Voici le décodage des profils. Affirmation A : hystérique. Affirmation B : obsessionnel.

Avec la réponse A, vous avez le risque de vous retrouver avec des managers qui surfent incessamment sur de nouvelles idées, sans que l'on sache jamais si les dernières ont été menées à bien. Avec B, vous avez le risque de travailler avec quelqu'un qui sera prêt à tout pour démontrer que l'objectif a bien été atteint !

Il est intéressant de noter que dans la grille de réponse, il est stipulé que le bon leader se trouve plutôt dans les réponses A. Le « leader » serait plutôt de profil hystérique et le manager gestionnaire, plutôt de style obsessionnel. Nous y reviendrons.

Ce qui nous importe, ce n'est pas le profil psychologique lui-même, mais les modes de fonctionnement spécifiques qui s'articulent autour de ces types de personnalité. Chaque profil de manager se distingue par une manière spécifique de décider, d'organiser le travail, de choisir les priorités, d'interagir avec ses équipes et d'influencer ainsi le fonctionnement de l'organisation.

Les deux composantes sont nécessaires et contribuent utilement au développement de l'entreprise. Les problèmes commencent quand chacun pousse sa logique de façon unilatérale ou opère à contre-emploi, sans garde-fou. Ainsi, si j'étais vous, je m'inquiéterais si, chez le comptable de votre entreprise l'hystérie l'emporte sur l'obsession. Et je m'inquiéterais tout autant, mais pour des raisons inverses, si le directeur commercial a tout d'un obsessionnel ! Il faut apprendre à décrypter les situations organisationnelles.

Tel DRH fait le siège du directeur général de la filiale européenne d'un groupe mondial pour arracher une forte augmentation des salaires pour toute une catégorie d'ingénieurs.

Est-ce parce que :

- les salaires de cette population spécifique sont effectivement en dessous du médian du marché, comme l'a révélé une étude de benchmark récente (argument rationnel) ? Plusieurs ingénieurs ont effectivement démissionné récemment.
- des directeurs opérationnels estiment que leurs difficultés sont dues en grande partie à l'incapacité du DRH à recruter de manière professionnelle de bons profils ?
- ou bien le DRH, cherche à tester les capacités du directeur général à gagner des marges de manœuvre vis-à-vis de l'état-major de la maison mère ?

Quelle est la bonne réponse ? La troisième. C'est, en effet, la logique hystérique qui ici s'impose.

3. Structure ou culture

Sur le plan de l'organisation, l'obsession est le triomphe de la règle. L'image clé est la machine. Nous y retrouvons le schéma classique de la centralisation et du contrôle hiérarchique.

L'hystérie est le monde des réseaux informels et des tribus. L'image clé est « la passion », une organisation de type décentralisé avec des structures floues.

Ainsi nous sommes sur la bonne piste. Nous avons raison de chercher du côté des structures psychiques la clé des 5 lois. Nous trouvons ici de premiers indices pour expliquer les lois n° 3 (le dirigeant surestime la règle) et n° 4 (le salarié surestime le réseau). Premier indices uniquement, et il nous faut encore creuser dans l'espoir de trouver d'autres éléments de confirmation.

Sur le plan de la stratégie des comportements, certaines correspondances se font très facilement. L'opportuniste correspond à l'hystérie et le rentier à l'obsession.

Chaque culture d'entreprise, que l'on peut aussi appeler l'inconscient collectif, traduit dans un dosage qui lui est propre, un mélange de ces deux modèles.

Un système d'interrelations se met en place, reliant la structure psychologique (obsessionnel ou hystérique), la stratégie de pouvoir (opportuniste ou rentier) et le mode d'organisation (machine ou passion).

L'obsessionnel = la machine (la règle) = le rentier
L'hystérique = la passion (la tribu) = l'opportuniste

Un cas pratique

On retrouve ces structures psychiques à l'échelle de toute une entreprise. On parle alors de « culture ». L'alliance Renault-Nissan[1] est très représentative de cette combinaison originale et réussie d'une culture à dominante hystérique et d'une culture à dominante obsessionnelle.

Nissan présente toutes les caractéristiques du mode obsessionnel. L'attention portée aux détails, le poids de l'efficacité opérationnelle et de la qualité du produit, l'importance de la hiérarchie et des procédures, la préférence pour les démarches sans rupture, tout ceci est au service d'une maîtrise des processus.

Nissan n'échappe pas au inconvénients : langue de bois et déni des problèmes. Avec les conséquences que l'on sait.

La culture Renault, de son côté, est représentative de l'hystérie. Si on communique beaucoup, la mise en œuvre est souvent négligée les routines sont peu appréciées, mais on est ouvert à la prise de risque, à l'innovation et au marketing. Enfin, le fonctionnement décentralisé doit composer avec les bastions et les comportements rebelles.

Il n'est pas étonnant qu'il ait fallu l'audace et l'enthousiasme de Renault pour injecter l'énergie nécessaire pour sortir l'obsessionnel Nissan de sa pente léthargique.

---

1. Carlos Gohn, *Citoyen du monde,* Grasset, 2003.

Résumé

Les mécanismes de défense se classent en deux familles, hystérie et obsession. Nous appartenons tous à l'une et/ou l'autre des familles, seul le dosage du mélange varie. Plus l'obsessionnel s'échine à mettre de l'ordre, plus l'hystérique trouve son compte à le narguer. Ils sont faits pour s'entendre ! Les lois n°s 3 et 4 se mettent en place.

CHAPITRE 7

L'ordre contre le désordre

1. La stratégie de l'obsessionnel : « je maîtrise par l'ordre »

« La vie d'un homme était une suite de hasards. Maintenant,
la civilisation a chassé le hasard, plus d'imprévu. »

Le Rouge et le Noir, *Stendhal*

Voyons comment fonctionne la culture obsessionnelle, à l'état pur. Elle présente des atouts mais aussi des inconvénients pour la création de valeur.

Que tout se passe comme prévu

D'une part, la logique économique impose d'optimiser le résultat en minimisant les coûts. D'autre part, il faut que l'organisation soit sous contrôle pour ne pas avoir à justifier les aléas. À partir du moment où l'on a conçu une organisation qui permette d'atteindre l'objectif souhaité, il faut que tout se passe comme prévu. La pression des marchés donne du crédit à la métaphore de la machine.

Ainsi pour Claude Bébéar : « Les analystes attachent une importance considérable à la prévisibilité et à la régularité des résultats de l'entreprise… General Electric, dix ans durant, trimestre après trimestre, a délivré au cent près à ses actionnaires le bénéfice par action annoncé six mois auparavant, et ce quels que soient les soubresauts de l'environnement. »[1]

Tout dirigeant est amené à souhaiter que l'organisation fonctionne comme prévu, comme une mécanique.

Dans ces entreprises, les assistantes ont appris à manier la souris pour faire du copier-coller entre la colonne « prévu » et la colonne « réalisé ». La hiérarchie joue un rôle central et l'*empowerment* est un gadget utilisé avec précaution.

À ceci s'ajoute bien sûr la pression concurrentielle et celle des clients sur les coûts, les délais et la qualité.

Confrontées aux à-coups de leur environnement, les équipes opérationnelles ont le sentiment de courir pour éteindre les feux dans l'urgence. Raison de plus pour l'obsessionnel d'obtenir, partout où il peut, une fiabilité des comportements de manière à réduire l'incertitude. Les retards sur l'objectif ne sont pas tolérés et les explications sont reléguées au rang d'excuses.

Pour certaines entreprises, le respect des engagements de résultats devient, chaque mois, chaque jour, un tour de force toujours plus difficile à réaliser. Signe que certains en tirent des enseignements, Google[2], flairant le piège, s'est bien gardé de s'engager sur une communication régulière de ses résultats de court terme aux marchés, lors de la mise en bourse de son capital.

Une seule stratégie : l'excellence dans l'exécution

L'emprise de la pensée obsessionnelle est particulièrement visible dans le domaine du changement. L'obsessionnel, qui vise à mettre sous contrôle l'organisation, réduit la stratégie à l'art d'exécution.

---

1. *Ils vont tuer le capitalisme,* C. Bébéar, Ph. Manière, Plon, 2003.
2. Moteur de recherche sur Internet.

La réflexion sur les alternatives stratégiques compte moins que la maîtrise de la mise en œuvre.

Le consultant typique du client « obsessionnel » fait plutôt partie d'un grand groupe de conseil s'appuyant sur une SSII et offrant des solutions technologiques bien établies. Son cœur de métier, c'est l'implémentation[1]. Ces groupes puisent dans un potentiel important de compétences, d'expériences et de référentiels, les solutions standardisées et fiabilisées qu'ils vont intégrer aux processus du client.

Préoccupé par l'optimisation de l'existant, le client obsessionnel fera plus rarement appel aux conseils en stratégie.

Rupture stratégique impossible

Les choses deviennent cocasses lorsqu'un patron obsessionnel est confronté à une situation où il doit changer radicalement le positionnement de son entreprise. Il doit faire de la stratégie. Frissons garantis !

Le cas de la banque haut de bilan

Ce président d'une banque de haut de bilan fait face à un changement de cap radical.

Sous la pression de modifications profondes de l'environnement et de la dérégulation, il doit, pour survivre, lancer son institution sur le métier de la banque de détail.

Le jour du choix est sans cesse reporté. Le président estime qu'il n'a pas suffisamment d'informations pour trancher. Il exige un niveau de détail sans cesse plus important.

---

1. Des groupes comme Accenture ou Cap Gemini qui offrent des solutions industrielles (solutions intégrées, meilleures pratiques, processus, ERP) présentent ce profil.

Son métier de base, le seul qu'il connaisse, est l'évaluation de projets d'investissement ciblés et finalisés. Il applique donc les mêmes méthodes pour une décision de rupture stratégique que pour une décision d'optimisation. Il ne sera satisfait que lorsque toutes les options des mix produits-marchés potentiels auront été analysées, pesées et testées. Or, c'est évidemment impossible. Il ne disposera jamais d'informations suffisantes pour pouvoir décider.

En somme, les banques de détail peuvent dormir tranquille, ce n'est pas demain qu'un nouvel acteur viendra rôder sur leurs plates-bandes.

Souvent, dans l'entreprise à dominante obsessionnelle, les financiers sont aux commandes, comme chez Shell, dont la prudence financière de Sioux est bien connue. La stratégie de Siemens, qui a maintenu durant les années quatre-vingt-dix une culture homogène au niveau mondial en limitant la croissance externe et en exploitant les synergies, est également typique de cette démarche.

Il est particulièrement amusant de participer à la rencontre d'un consultant en stratégie avec un dirigeant obsessionnel. Le consultant en stratégie, doté d'une pointe de culture hystérique, est l'apôtre des stratégies de rupture. De l'ambition que diable ! Alors, il s'échine à démontrer que l'entreprise de son client va dans le mur. Jetant un regard de mépris sur les compétences existantes de l'entreprise, il conclut qu'une transformation radicale, s'impose. La sentence dramatique tombe : dominer ou mourir, telle est l'alternative inéluctable. Le client obsessionnel, la surprise passée, se ressaisit et se cramponne à une démarche d'optimisation et de « serrage de boulon », dans le respect du cadre stratégique existant.

Distance et protection

La culture obsessionnelle se distingue par le recul des émotions et le développement des mécanismes de défense suivants : contournement, manœuvres dilatoires, modélisation, argumentation rationnelle.

Quelques propos extraits sur le vif, traduisent des organisations « obsessionnelles » :

> « Nous avons une approche « pro » du client. À la différence des autres, nous ne cherchons pas à séduire les clients par des voyages, des déjeuners ou des cadeaux. » (un vendeur)

> « Les gens sont un peu coincés ici ; vous ne trouverez pas tellement de communication, ni de spontanéité. Il faut quatre mois pour organiser un dîner entre collègues. » (un cadre d'une multinationale)

> « Dès qu'on veut un avis clair, les gens partent dans des calculs compliqués, avancent qu'il faut faire au préalable des vérifications, ou qu'il faut monter un groupe de travail. » (un cadre d'une multinationale)

> Le « parler vrai » n'est pas une pratique commune dans l'entreprise obsessionnelle qui garde ses tabous :

> « Actuellement, il y a toujours un tabou : on ne peut pas aller voir la direction des ressources humaines sans l'accord du patron. » (un cadre de multinationale)

On retrouve là un mécanisme que nous avons abondamment décrit en découvrant la loi N° 3, le dirigeant surestime la règle, nous ne nous y étendrons donc pas.

Les barrières de cloisonnement se hérissent, le repli frileux se généralise, la résistance au changement se cristallise. Si le manager obsessionnel comprenait que l'entreprise ne répond pas, en réalité, à la logique de la mécanique, il ne trouverait peut-être plus l'énergie pour s'investir !

2. La stratégie de l'hystérique : « je maîtrise par le désordre »

« Toute vraie passion ne songe qu'à elle. C'est pourquoi, ce me semble, les passions sont si ridicules à Paris, où le voisin prétend toujours qu'on pense beaucoup à lui. »

Le Rouge et le Noir, *Stendhal*

C'est le deuxième type de stratégie déployé pour garder la main sur le jeu. Cette stratégie est minoritaire, sans doute parce qu'elle est plus risquée et plus fragile. Nous dégageons ici la structure pure de l'hystérie avec ses forces et ses faiblesses.

Difficile de ne pas l'utiliser un exemple qui a défrayé la chronique récemment pour nous faire comprendre : le cas de Vivendi.

La stratégie hystérique est confrontée à la même pression des marchés mais rompt, très vite, avec l'axe choisi par l'obsessionnel.

Rompre avec l'organisation « machine »

L'obsessionnel cherche, en ronchonnant certes, à satisfaire les marchés financiers et les diverses tutelles, car il ne veut surtout pas de vagues. Jean-Marie Messier définit assez bien pour lui-même le positionnement rebelle de l'hystérique : « J'ai toujours aimé décider. Je ne supporte pas l'idée de n'être qu'un rouage dans une grande machine sur laquelle je n'aurai pas de prise (…). Ne jamais être soumis à une autorité, voilà ce qui m'a guidé. »[1]

---

1. In *Une faillite française*, p. 50, Martine Orange et Jo Johnson, Albin Michel, 2003.

Il faut rompre avec la machine pour pouvoir saisir les opportunités qui se présentent. Le marché fait pression : changeons les règles du jeu. Vivendi a connu une fuite en avant pour battre la concurrence. Martine Orange et Jo Johnson, qui ont enquêté sur Vivendi, caractérisent ainsi la stratégie de rupture de l'ancien président de ce groupe devenu multipolaire : « Fini l'attachement au long terme, finie la patience d'un capitalisme qui accumule dans la durée. Chez lui, aucune fidélité à l'histoire, à l'héritage du groupe. Adepte des nouvelles règles des marchés, il considère que trop d'immobilisations dans un groupe gênent les mouvements. Les actifs sont là pour tourner, pour être monnayés. »[1]

Mais de la cash machine, il ne reste que le cash, et encore !

Pour l'hystérique, la stratégie consiste à repousser toujours plus loin les limites. L'incertitude est une ressource. Il multiplie les plans, les projets d'acquisition et les montages financiers sophistiqués. Mais il n'a que faire de la mise en œuvre, sans intérêt, et qu'un obsessionnel besogneux saura bien réaliser !

D'autres cas sont tout aussi parlants. Ainsi, Ferdinand Puech[2] n'hésite pas à écarter Volkswagen de ses traditionnels modèles populaires pour réaliser à grand frais l'achat de Bentley et se lancer dans le développement d'un modèle haut de gamme, la Phaeton, alors que les performances opérationnelles du groupe se dégradent. Un obsessionnel viendra le remplacer, qui, d'entrée, réduira les investissements. C'est le malheur des hystériques qui souvent échouent et font le lit des obsessionnels.

C'est le cas également d'ABB, la cigale helvetico-suédoise, qui a multiplié les acquisitions tout en maintenant un fonctionnement très décentralisé et qui a vu sa capitalisation boursière fondre au rythme des profits warnings alors que son concurrent, la fourmi

---

1. *Op. cit.* p. 81.
2. Ancien président de Volkswagen.

allemande Siemens, est plus prospère que jamais. France Telecom a aussi flirté avec cette trajectoire hystérique.

Échapper à la règle

Pour ce dirigeant d'un groupe de conseil, appliquer de façon routinière une règle ou une procédure est contre-productif dans un environnement en constante évolution. Il faut faire appel à l'intelligence des salariés. Il décide donc d'alléger ces procédures et d'assurer la coordination interne par l'ajustement spontané entre salariés. Résultat ? L'arbitraire, à commencer par celui du dirigeant, règne en maître et la cohésion de l'entreprise se délite rapidement.

La culture hystérique cherche à affirmer son identité, quitte à remettre en cause l'ordre établi. Elle guide aussi l'action des opérationnels, des équipes locales de salariés et de cadres, qui cherchent à se faire entendre des technostructures centrales et de la direction générale.

Moins le dirigeant obsessionnel reconnaît ses mérites et plus l'hystérie affirme agressivement sont identité. La culture hystérique se distingue par le souci d'échapper à la règle, voire de provoquer l'autorité hiérarchique.

Voici des exemples de propos traduisant des organisations « hystériques » :

« Les dirigeants changent sans arrêt. Quand ils veulent promouvoir une nouvelle initiative, il ne se préoccupent pas de ce qu'ont fait leurs prédécesseurs. Il n'en résulte aucune conservation du passé ». (un cadre de multinationale)

« Bien sûr, la DRH communique chez nous sur les outils mis en place, répertoire des métiers, évaluation des compétences, plan de carrière. Mais en fait, c'est le jeu politique qui gagne. Il faut se mettre dans les rangs d'une locomotive pour avancer ». (un cadre d'une institution financière internationale)

On peut décliner l'idée au niveau des nations. Joseph Stiglitz souligne que les États-Unis ont financé leur R&D sur fonds gouvernementaux, et qu'ils sont les premiers à s'autoriser des déficits quand nécessaire. Les règles, c'est bon pour les autres ! Ainsi l'Amérique est une nation hystérique vis-à-vis du reste du monde.[1]

Saisir les opportunités

À l'inverse de l'obsessionnel, l'hystérique va multiplier les prospections sur les marchés.

> Dans une multinationale de l'alimentaire, encore dirigée par la famille fondatrice, les cadres se plaignent du manque de lisibilité de la stratégie du groupe, alors qu'un plan stratégique à cinq ans précise les cibles de croissance externe de l'entreprise. Une analyse a montré que le management n'a pas suivi le plan de ses acquisitions, ni en termes de produits, ni en termes de pays. Les acquisitions ont suivi la logique des opportunités telles qu'elles se sont présentées. La stratégie, c'est ce que chacun des membres de la famille, occupant un poste de direction, en a fait au gré de ses déplacements, de ses relations et de ses rencontres d'affaires. Les ressources ont été mobilisées, après coup, pour décrocher telle ou telle affaire. Il n'y avait pas non plus de plan d'intégration ni de méthode pour exploiter les synergies, *a posteriori*. L'entreprise s'est retrouvée très vite à la tête d'un portefeuille de produits et d'usines hétéroclites. Il est indispensable de rationaliser les flux de matières, le stockage, le schéma de production, bref ce qu'on appelle la supply-chain en fonction de la demande et d'une stratégie marketing contraignante. Mais cela fait justement partie des atouts de l'obsessionnel, dont la culture de cette entreprise est dépourvue.

L'opposition avec la stratégie de l'obsessionnel peut se formuler ainsi :

> « Dans une fusion, la création de valeur est dans l'exécution et non pas dans la stratégie. Regardez General Electric : ils n'ont pas de stratégie, mais ils ont la religion de la mise en œuvre managériale. » (selon Edgar Bronfmann Jr)[2]

---

1. « Faites ce que nous avons fait, pas ce que nous disons » J. Stiglitz, prix Nobel d'économie, *Les Échos*, 10 novembre 2003.
2. *Op. cit.*, p. 237.

Le consultant typique du client « hystérique », c'est le consultant en stratégie. Arborant cravate classique et boutons de manchettes distinctifs, il ne met pas les mains dans le cambouis de l'exécution.

Le consultant en stratégie a sa part de responsabilité dans la confusion ambiante. Comme il ne s'occupe que de stratégie et qu'il n'est rémunéré que sur cette phase amont, il n'est pas incité à s'assurer que la solution retenue soit réellement opérationnelle. Et comme tout travail de confirmation vient rogner sa marge, il est plutôt logique qu'il pousse le client à décider vite, parfois trop vite.

Séduire pour masquer les écarts

À force de changer de cap, la stratégie devient, un jour, fatalement illisible. Ce qui au début était excitant, devient épuisant par sa répétition. Les projets se suivent par vagues et les cadres, sceptiques, décrochent et attendent patiemment la prochaine initiative. Au-delà d'une certaine dose, l'enthousiasme de commande n'est plus crédible.

La mise en scène, la gestion des messages devient un vrai casse-tête. « … un adage court dans toute la maison : Messier ? Deux paroles, trois mensonges. »[1]

Mais la communication, même la plus brillante ne peut résoudre tous les problèmes.

> C'est un directeur général qui, confronté à une croissance bien en deçà de ses objectifs, promet de nouveaux moteurs de croissance par des rachats de sociétés. C'est Vivendi sous l'ère Messier qui éconduit les administrateurs trop curieux en répandant des paillettes dans de grandes réunions qui sentent bon le succès.

---

1. *Op. cit.,* p. 88.

Le prix à payer

Comme l'a montré la suite, l'hystérique se fait rappeler à l'ordre par ceux qui respectent l'ordre. La stratégie de l'obsessionnel gagne souvent à la fin. Le conseil d'administration, resté longtemps sous le pouvoir de séduction de J2M, a finalement tranché.

Résumé

L'obsession et l'hystérie sont des grilles de lecture particulièrement effica-ces. Elles permettent de repérer et d'expliquer le mode de fonctionnement des dirigeants et s'appliquent utilement à un grand nombre de situations diverses.

Ces structures psychiques sont d'autant plus répandues qu'elles sont demandées : elles ont un marché, elles répondent à un besoin.

Elles ont d'autant plus d'impact qu'elles servent effectivement de creuset aux cultures d'entreprise.

CHAPITRE 8

Hystérie/obsession : les dosages subtils

Passons à présent des « modèles purs » d'hystérie et d'obsession, somme toute assez rares, aux formes plus complexes qui tapissent notre environnement quotidien.

Voici les principaux cas que l'on peut rencontrer dans nos organisations. Nous articulons les combinaisons autour des deux éléments qui structurent les comportements de management dans une organisation : la stratégie visée et la mise en œuvre. Ces phases constituent les deux moments forts de l'action d'un dirigeant. Il ne faut pas perdre de vue que la typologie ci-dessous, même enrichie de nombreuses variantes, reste une approche réductrice de la réalité. Elle a pour ambition principale de jeter un premier éclairage sur des fonctionnements difficiles à déchiffrer.

D'où la matrice suivante (voir la figure, page 98).

Traitons rapidement les deux profils « purs » H/H et O/O, que nous venons d'explorer longuement.

Le dirigeant de type H/H

C'est le comportement hystérique très marqué de dirigeants comme J.-M. Messier. Une myriade d'initiatives éblouissantes se succèdent pour aboutir à un échec, assez rapidement. Nous l'avons déjà

	Stratégie		
		Hystérie (H)	Obsession (O)
Mise en œuvre	Hystérie (H)	(H/H) Feu d'artifice... éphémère	(O/H) Manager intermédiaire
	Obsession (O)	(H/O) Baron ou autocrate	(O/O) Petit chef Bureaucrate

abondamment analysé. On peut trouver, dans les années quatre-vingt-dix, un autre exemple tout aussi frappant avec Bernard Tapie.

Le dirigeant de type O/O

C'est le petit ou grand chef bureaucratique, un peu conformiste. Bon élève, il applique et fait appliquer la règle, jusqu'au bout. On le retrouve dans les technostructures de nos entreprises : il est au service du patron. Droit dans ses bottes, diraient certains.

Approfondissons à présent les deux profils hybrides les plus courants, H/O et O/H.

1. Le dirigeant de type H/O

En apparence, c'est le ticket gagnant, l'utilisation optimale des compétences : de l'hystérie en stratégie mariée à de l'obsession dans la mise en œuvre. Ce type de leadership, qui dispose d'un fort potentiel d'influence, exige un mode d'emploi particulier.

Ce profil est particulièrement efficace à la tête de grandes divisions ou de filiales importantes. Il associe ingénieusement l'hystérie pour mobiliser les troupes et tenir à distance les technostructures du siège, à l'obsession, qui trouve sa traduction dans la pression pour obtenir les résultats attendus. Autre manifestation de cet heureux mélange : la remise en cause créative des procédures ouvre la voie à une amélioration continue.

Ce leadership est aussi visible dans les entreprises du secteur public qui, confrontées aux exigences d'une concurrence frontale, doivent se réformer à marche forcée. Des entreprises comme la SNCF, EDF-GDF, RATP, La Poste ou Air France, ont connu ou connaissent, à un moment de leur histoire, des transformations similaires. Elles recherchent des profils dotés d'une pointe d'hystérie, sachant utiliser les appareils managériaux issus du privé pour accélérer la réforme.

Le dirigeant de type H/O présente le profil idoine pour bousculer la bureaucratie. L'hystérie lui donne la capacité à déstabiliser ; mais contrairement à l'hystérique pur, il accompagne et maîtrise la mise en œuvre : il met sous contrôle le processus de changement.

Les résultats sont parfois surprenants.

Rouages de la grande machine du service public, les managers « maison » ont, traditionnellement, peu de pouvoir. Ils ont l'impression de supporter mille et une contraintes. Soumis à la culture du « pas de vague » qu'entretient la crainte des réactions syndicales, certains estiment leur autorité réduite à la portion congrue. Ils supportent difficilement ce qu'ils considèrent comme des humiliations.

L'entrée en jeu d'un leader de type H/O va « hystériser » les managers en place, traditionnellement de type obsessionnel. Que fait un obsessionnel quand il s'« hystérise » ? Il se lâche. Les dirigeants qui ont fait carrière dans des organisations bureaucratiques auront ainsi tendance à surinvestir la période de réforme.

Certains managers obsessionnels n'en finissent plus de goûter à leur nouvelle liberté. Ils se mettent à utiliser généreusement des méthodes expéditives de management que bien des dirigeants libéraux du privé n'oseraient pas imaginer, et encore moins pratiquer ! La liberté s'apprend aussi.

Ne se laissant pas enfermer dans les convenances, le leader H/O est capable de déverrouiller de façon énergique le jeu des rentiers en place. Mais, quand le caractère hystérique prend le dessus, ce type de dirigeant est poussé à partir, non sans avoir poussé jusqu'au bras de fer la confrontation avec les structures bureaucratiques.

Dans le secteur privé, nous pouvons parfois rencontrer des managers à haut potentiel chausser les bottes du H/O. Tout manager qui souhaite normalement réussir cherche à être en phase avec le management. En siphonnant les idées en vogue, il pense s'en rapprocher. Pour bien des managers en herbe, leur image de leader vaut tous les enivrements. Le coût de ces comportements, pourtant bien réel, est masqué par les gains apparents.

Sûrs de leur droit, et de leur légitimité, voire de leur charisme, ils sont souvent les derniers à favoriser l'écoute et la coopération transversale qui constitue par ailleurs, une priorité de la direction générale. On les voit débouler avec la délicatesse de rouleaux compresseurs, non sans quelque appréhension.

2. Le dirigeant de type O/H

On trouve le dirigeant de type O/H généralement dans le management intermédiaire. Il peut aussi occuper une position relativement élevée ou être à la tête d'une division importante.

Sa dominante obsessionnelle en fait un homme d'appareil et de technostructure. Ce n'est pas un grand créateur (il représente la tradition), mais c'est un bon organisateur.

Il tire sa légitimité de sa proximité avec les troupes : son hystérie le conduit à rechercher l'estime de ses équipes ; il aime aussi séduire.

Ce profil, alliant méthode et lien humain, favorise un développement par la formation et la participation. Il se révèle ainsi être un très précieux collaborateur pour l'entreprise. Il est tout particulièrement adapté à la mise en place de démarches qualité.

Si des projets de changement viennent perturber son organisation, il cherchera à gagner du temps en ménageant la chèvre et le chou. S'il peut s'en sortir gagnant en maîtrisant avec douceur le changement, il peut aussi perdre toute crédibilité par sa quête prolongée de compromis.

3. Les équipes de direction « mixtes »

Ces combinaisons hystérique/obsessionnel se retrouvent aussi au niveau de « couples » de dirigeants qui peuvent ainsi constituer un attelage très performant.

La combinaison H-O

On verra souvent le dirigeant de structure hystérique s'appuyer sur un fidèle lieutenant de référentiel obsessionnel. Ils se partageront les rôles ainsi efficacement : au dirigeant hystérique la conquête du monde, le commercial et la représentation externe ; au lieutenant obsessionnel, la gestion, le suivi opérationnel et la technique.

La combinaison O-H

L'inverse se rencontre plus souvent dans les grands groupes. Un dirigeant obsessionnel secondé par des cadres supérieurs au profil plus hystérique, telle est la combinaison la plus classique. Au premier la sécurisation des grands équilibres de l'entreprise, aux seconds la responsabilité d'insuffler la dynamique et la réactivité. Le dirigeant obsessionnel a parfois du mal à réguler l'action de ses lieutenants bouillonnants, dauphins potentiels en concurrence.

4. Et le reste de l'organisation

Nous pouvons à présent étendre ce modèle d'analyse aux tribus de la partie immergée de l'iceberg (les salariés).

Ainsi le « compère » idéal de l'hystérique est l'obsessionnel et réciproquement. L'obsessionnel est le gardien des lois déposées par la figure d'autorité. L'hystérique est un « dézingueur » de figure d'autorité. Comme dans un vieux couple, ils ont besoin l'un de l'autre, même s'il passent leur temps à se chamailler.

> Dans un entreprise industrielle, j'ai pu assister récemment à ce jeu de rôle. Le directeur fraîchement nommé, qui campe le rôle de l'obsessionnel, se trouve en butte aux attaques de ses collaborateurs, des hystériques.
>
> Que se passe-t-il ? Le directeur, issu du groupe, a fait toute sa carrière comme expert. Les hystériques ont eu, par leur passé, l'expérience du management de grandes équipes. Le directeur souffre donc d'un déficit de légitimité comme manager.
>
> Comme tout obsessionnel, il s'appuie sur le règlement pour mettre de l'ordre et s'imposer aux hystériques qui n'ont de cesse de le voir tomber. Les collaborateurs reprochent au directeur de ne pas les associer aux décisions, mais ils se gardent bien de s'impliquer. De toute façon, ils attendent autre chose du dirigeant : du charisme.

Quand ce cercle vicieux s'installe, la situation de l'organisation ne peut que se dégrader.

La culture des opérationnels, des salariés de terrain, présente toujours une dose significative d'hystérie. Survalorisant l'informel, ces tribus de base accentuent les écarts par rapport aux plans et aux procédures pour valoriser leur apport. Elles ne se sentent jamais assez reconnues.

Dans ces tribus, un comportement externe de revendication peut très bien cohabiter avec un fonctionnement interne routinier, centré sur la maîtrise des contraintes opérationnelles.

L'alternative obsessionnelle existe aussi. C'est la stratégie du bon élève, qui trouve son compte par un rythme de promotion plus rapide.

Résumé

Les modèles purs de structures psychiques hystériques ou obsessionnelles sont rares. Nous pouvons repérer au contraire, dans nos entourages, au niveau de personnes ou d'équipe, des profils mixtes H/O ou O/H. Ces profils expliquent les dynamiques complexes d'entreprise et certains effets contre-intuitifs. Une fois mise en orbite, leur trajectoire est difficilement modifiable.

CHAPITRE 9

Une pensée managériale obsessionnelle

Après ce détour nécessaire par l'exploration des principales structures psychiques en exercice et leur lien avec le fonctionnement des organisations, il nous faut reprendre le fil du livre.

Que cherchons-nous ? Une explication au mouvement perpétuel de la distillerie du désir. Il n'y a plus grand mystère à dissiper. La clé est dans la confirmation de la loi N° 3, le dirigeant surestime la règle. Le reste suivra. Nous avons déjà une première piste : les actionnaires, les marchés et les grands clients sont plus en confiance si le pilote de la machine est un dirigeant de profil obsessionnel.

Quelle preuve concrète et irréfutable nous faut-il trouver ? Un indicateur du « besoin de contrôler », signature de l'obsessionnel, plongé dans la culture managériale. Voici comment nous avons procédé.

Pour décrypter la pensée managériale commune et mettre à nu sa structure obsessionnelle, une voie simple s'impose : suivre les traces du consultant. Il nous servira de cheval de Troie pour pénétrer sans heurt dans la citadelle obsessionnelle. Témoin et acteur familier des arcanes du management, le consultant est, par sa production, un bon révélateur du contenu de la pensée managériale à une époque donnée.

1. Le mythe de la peur du changement

J'ai fait, il y a quelques temps, une expérience absolument extra-ordinaire : j'ai rencontré un fragment de cette « pensée managé-riale unique » ! Aucun doute possible, elle existe. Je l'ai mise immédiatement sous verre.

Comment peut-on en être sûr ? Permettez-moi de partager avec vous cette édifiante histoire, pour vous en convaincre.

> Deux cabinets de conseil, de grande taille, reconnus dans la profession, mais d'origine et de positionnement différents, proposent, au même client, sans se concerter, la même théorie du comportement et les mêmes solutions pour aborder la question du changement !
>
> Au départ, une grande multinationale française nous appelle pour l'éclai-rer sur un dossier de changement. Un projet classique, la mise en place d'un ERP[1] dans tous les pays d'Europe.
>
> L'équipe projet du client anticipe et voit déjà poindre quelques réticences qui ressemblent fort à de la résistance, de la part des différents responsa-bles européens. Ils attendent des consultants des propositions pour gérer le changement. Nous nous retrouvons avec les deux autres consultants sur le cas.
>
> Chacun présente son interprétation de la situation et ses recommanda-tions. Les deux autres cabinets de conseil abordent la question de la résis-tance au changement de la même manière en décelant les deux causes suivantes, l'une rationnelle, l'autre partiellement irrationnelle :
> - le sentiment d'y avoir plus à perdre qu'à gagner ;
> - l'angoisse face à l'incertitude que contient tout changement et le confort des habitudes.

Quelle balance coût-avantage ? (volet rationnel)

La première cause de la résistance au changement fait l'hypothèse que chacun mesure l'intérêt d'une solution à l'aune de son apport net. Tout bien pesé, la proposition offre-t-elle plus d'avantages que d'inconvénients, va-t-elle améliorer ou détériorer ma situation de travail ?

---

1. Une solution informatique intégrée.

Dans le cas présent, l'ERP va certes faciliter l'accès aux informations, mais il va aussi réduire les marges de manœuvre de chacun, car l'outil sera le même pour tous. Personne ne retrouvera dans la version définitive les arrangements que chacun avait su construire dans l'ancien système.

Si ce bilan « rationnel » de la solution n'est pas favorable, alors une seconde série de questions se pose nécessairement. Quels aménagements puis-je négocier ? Comment puis-je résister et qu'est-ce que je risque si je résiste ? Dans certaines situations, il est parfois déconseillé ou impossible de résister.

La peur de l'incertitude ? (volet irrationnel)

La seconde cause relève d'une hypothèse psychologique qui affirme que l'incertitude fait peur ou, plutôt, engendre de l'angoisse. L'histoire montre effectivement que ce qui est innovant est souvent repoussé, car dérangeant. Il n'est donc pas difficile d'accepter l'idée que le changement est rejeté parce qu'il déstabilise.

En synthèse, les gens vont résister si le changement présente cet effet combiné : les inconvénients l'emportent sur les avantages et le niveau d'incertitude augmente.

« C'est pour votre bien, si je vous stresse un peu ! »

Puis les consultants en viennent à proposer à leur client des solutions pour surmonter la résistance au changement.

Pour la partie rationnelle de la résistance, l'idée est qu'il faut « vendre » la solution en montrant que les avantages l'emportent sur les inconvénients. Il est important de s'appuyer sur des « sponsors » du changement pour porter fort et loin la bonne parole. C'est la méthode du « 2KC3KF »[1] (et avec ça, qu'est-ce que je vous mets ?)

---

[1]. « 2KC3KF3 signifie deux kilos de communication et trois kilos de formation », in Maurice Thévenet, *op. cit.,* p. 52.

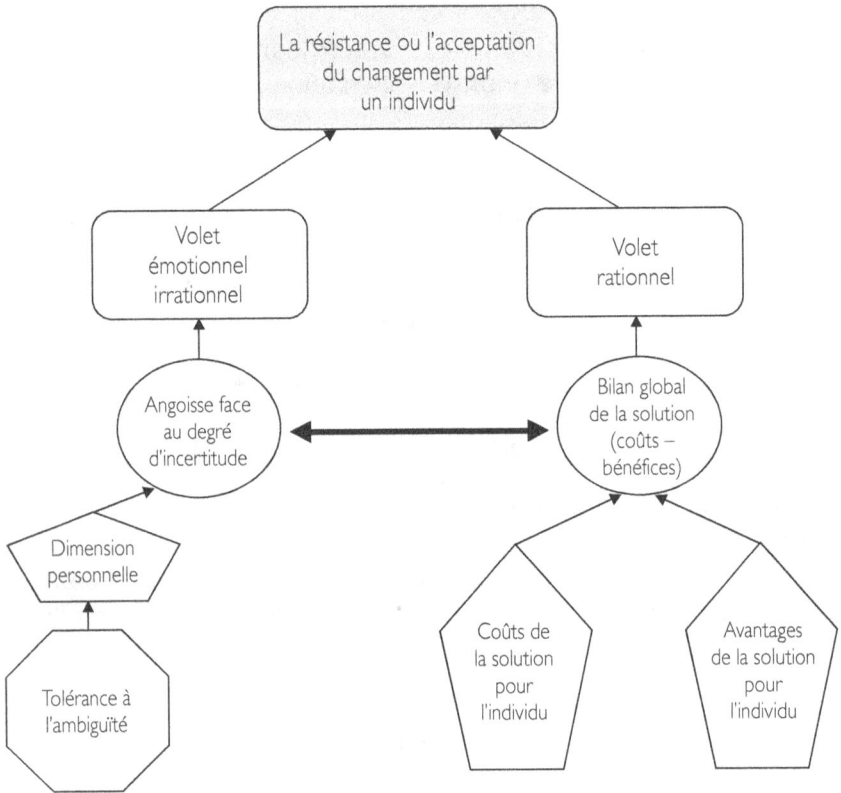

Le modèle mental commun de la résistance

À ceci s'ajoute, l'adaptation de certains leviers, à commencer par les rétributions monétaires, pour récompenser les comportements performants. Relativement banalisée dans le privé, la modulation d'une partie variable de la rémunération en fonction du mérite ou du résultat se fraye timidement un chemin dans le secteur public.

Pour la partie irrationnelle, la recommandation est, comme au judo, d'utiliser la peur de l'incertitude comme levier, en dramatisant la situation. Les gens sont amenés à choisir entre le changement « mesuré » qu'on leur propose, qui assure une certaine continuité de l'activité par exemple, et l'absence de changement qui mènerait, à terme, toute l'activité dans le mur. Mesurés à l'aune d'un tel scénario catastrophe, les inconvénients de la solution « changement » paraîtront bien insignifiants.

L'histoire suivante de la grenouille illustre cette alternative.

> Il vous faut une casserole, une grenouille, de l'eau et une cuisinière.
>
> Dans un premier cas, vous versez l'eau froide dans la casserole, vous y laisser glisser la grenouille et vous mettez à chauffer progressivement. Que se passe-t-il ? La grenouille meurt. Pourquoi ? Elle s'est laissée engourdir et a perdu ses réflexes.
>
> Dans le second cas, vous versez l'eau dans la casserole, vous la portez à ébullition, puis vous jetez la grenouille dans la casserole. Que se passe-t-il ? La grenouille survit. Pourquoi ? Toujours en alerte, elle réagit au choc thermique par un saut réflexe hors de la casserole.

Moralité : c'est pour votre bien si je vous stresse un peu !

Ainsi, tous les projets de changement se ressemblent. Il découle de cette théorie une seule et unique « meilleure pratique du changement » comprenant les mêmes « invariants ».

Au royaume des poncifs

Voilà, mesdames messieurs, les tartes à la crème sont servies. Et le truc marche à tous les coups. C'est extraordinaire. Ce manager, souvent ingénieur ou financier de formation et que l'on dit trop sérieux pour perdre son temps en « psychopapouille », se laisse séduire par ce qu'on lui présente comme la quintessence des sciences humaines servie aseptisée. C'est ahurissant, mais pourquoi pas.

La chose ne serait pas extraordinaire, si au moins la démarche relevait d'une pensée scientifique fondée, d'une loi physique ou mathématique démontrée. Or il n'en est rien.

Décryptons le tour de passe-passe.

D'abord, le consultant explique à son client : « Attention, vous allez rencontrer des résistances, dans la conduite de vos projets de changement ». Bref, il fait subir à son client le coup de la grenouille.

Ayant capté l'attention de son client par la dramatisation, il le rassure en lui tenant à peu près ce langage : « Ne perdez pas votre temps avec des théories socio-psychologiques confuses. J'ai élaboré des modèles efficaces à votre disposition. »

Alors, le consultant peut avancer, sur un ton docte, son explication psychologique simplissime : « Le changement que vous proposez est bon en soi, mais les gens résistent parce qu'ils craignent l'incertitude. »

Le consultant a bien compris que son client est un obsessionnel qui ne craint rien moins que l'incertitude, sans l'admettre. Ce dernier sera donc tout disposé à accepter cette voie de sortie que lui propose le consultant : vous n'avez pas peur de l'incertitude car vous êtes un leader, mais nos salariés, si.

Le problème est que cette argumentation, non seulement est erronée, mais elle empêche l'accès à d'autres pistes plus intéressantes, en entretenant ce mythe de la peur du changement.

C'est ce que Quy Nguyen Huy, professeur à l'Insead, a remarqué : « … les sociétés rechignent à mobiliser (les cadres intermédiaires). Elles s'imaginent qu'(ils) sont hermétiques au changement. Et malheureusement, de nombreux consultants en organisation ont renforcé cette idée. »[1]

Cette dramatisation peut induire des effets pervers qui freinent les processus d'apprentissage et de changement continu.

D'un côté, elle tend à rendre illégitime les remontées de suggestions ou de problèmes. Puisqu'il y a urgence à s'en sortir, l'engagement dans l'exécution fait la chasse à l'observation critique. D'un autre côté, comme il y a crise, chacun va se tourner vers le détenteur de la solution qui apparaîtra comme le sauveur à suivre.

---

1. « Non, les cadres moyens ne sont pas réfractaires au changement », dans *Liaison Sociales,* novembre 2002.

La méthode est donc porteuse de deux risques : accroître la dépendance des individus déjà en position de repli et renforcer leur passivité. Mais le risque le plus important est que l'aspect un peu manipulatoire de la démarche apparaisse. En conséquence, le niveau de confiance des cadres et des salariés dans le management va s'affaisser. Et par choc en retour, le niveau d'incertitude « perçu » va effectivement augmenter.

2. Quand la pensée obsessionnelle se trahit

Voilà où nous en sommes dans nos réflexions. Le modèle commun de résistance porte la marque de son territoire d'origine, la partie émergée de l'iceberg, tant sur le plan du diagnostic que sur le plan des solutions.

Revenons à la demande du client et à cette rencontre entre deux cabinets de conseil. Il est difficile de croire que, seul le pur hasard peut expliquer la convergence des propositions de deux cabinets indépendants de consultants et l'identité de leur soubassement théorique.

Quelle question faut-il se poser pour avancer ? Que cherche-t-on à obtenir par ces méthodes de changement et pourquoi, en dépit de résultats médiocres, continuent-elles à séduire les dirigeants ? De manière plus prosaïque, comme toujours quand on mène une enquête, cela revient à se poser la question suivante : « À qui profite le crime ? »

En fait, le consultant, apprenti-gourou, explique aux managers comment contrôler la situation. Le mot est lâché : contrôler. Voilà une prétention extraordinaire : on peut tout contrôler, même le changement, même la résistance, même les hommes.

À quoi servent les sciences humaines, ici ? À normaliser le facteur humain pour accréditer l'illusion qu'une mise sous contrôle est possible. Vous rêvez de la machine, moi consultant, je vous l'offre. Contrôle, machine : nous entrons bien là dans le répertoire de la logique obsessionnelle. Nous y reviendrons bien évidemment.

Les écoles de management, les MBA notamment, mettent l'accent, en stratégie, sur le « tu dois ». On demande aux étudiants-managers de définir la stratégie que l'entreprise doit suivre et l'organisation qu'elle doit prendre, sans partir de la façon dont elle fonctionne réellement et donc sans introduire l'idée qu'un écart pourrait se glisser entre la stratégie, l'organisation choisie et le fonctionnement quotidien.

> Parmi les consultants, même les groupes de stratégie les plus renommés, comme McKinsey[1], n'échappent pas à ce travers. Dans un article récent sur la psychologie du changement, les consultants soulignaient l'importance du sens du changement et du rôle de modèle du dirigeant pour obtenir l'adhésion du plus grand nombre. Puis, ils font appel à diverses théories psychologiques pour découvrir les ressorts cachés de la motivation.
>
> La révélation tombe à la fin de l'article. La bonne méthode, c'est quand les managers qui performent moins bien quittent l'entreprise.
>
> Tout ce détour par les méandres de la psychologie pour arriver à ça ! Voilà effectivement une méthode efficace pour s'assurer que les comportements requis sont bien mis en place. Chasser le naturel, il revient au galop : la mise sous contrôle de l'organisation porte la signature de l'obsessionnel.

Cette réponse évite au management de se poser des questions au sujet de son influence sur le niveau d'incertitude perçu par le salarié et sur le degré de confiance que le salarié a dans le management. L'approche mécaniste offre aussi l'avantage, pour le dirigeant, d'occulter le fait que lui aussi, réciproquement, ne fait pas confiance à ses cadres ni à ses salariés.

La culture obsessionnelle se manifeste par la réduction de la motivation individuelle à la notion de besoin, comme le besoin de certitude, et son pendant, en cas d'insatisfaction, la peur de l'incertitude.

On peut alors se demander si l'intention de « mise sous contrôle » n'aboutit pas, par un processus assez classique, à l'effet inverse à celui escompté : le renforcement des résistances.

---

1. Voir, par exemple : « The psychology of change management », in *The McKinsey Quaterly* ; 2003, Number 2.

N'enseigne-t-on pas aux parents que le meilleur moyen de déve-lopper une pratique déconseillée chez son enfant est précisément de la lui interdire, sans explication ? Wadzlawickz[1] relate une his-toire exquise sur ce thème.

> Une jeune fille emménage avec son nouveau mari. Sa mère fait systéma-tiquement le ménage dans la maison du jeune couple à chaque fois que sa fille l'invite. La situation devient vite explosive.

> La mère reproche à sa fille de ne pas tenir correctement la maison et de l'obliger à faire le nettoyage. La jeune fille doit passer de plus en plus de temps à préparer sa maison avant que sa mère n'arrive ! Inviter sa mère devient un calvaire.

> Finalement, la jeune mariée consulte Wadzlawickz qui lui conseille de ne plus du tout s'occuper du ménage ! Il prévoit que la mère, découragée et surprise par ce comportement, espacera ses visites. C'est effectivement ce qui s'est passé.

3. Le facteur manquant : la confiance

Une intervention dans une grande entreprise en réseau, la banque BGD, au milieu de plusieurs projets de transformation, nous permet de mesurer les effets des recettes du management obsessionnel.

Le message passe mal

> Les participants au séminaire sont assis devant moi, ils me regardent. Ils attendent quelque chose. Leur direction les a invités à une séance de for-mation au management. Ce sont des responsables d'unité qui encadrent 20 à 50 personnes. Je sens une certaine distance avec le groupe, mais rien de significatif. Comme on dit, il faudrait briser la glace.

> La direction m'a proposé d'intervenir sur le thème du management d'équipe dans un environnement changeant marqué par un rapproche-ment d'entités. Ici, comme dans bien d'autres organisations, on met en pratique le principe de l'interlocuteur unique pour le client.

---

1. In *Change,* P. Watzlawick, J.H. Weakland, R. Fisch, Norton & Company, 1974.

Cette organisation, comme toutes nos grandes bureaucraties, doit orienter rapidement son fonctionnement vers le client et renforcer la culture de la performance. Les participants sont concernés au premier chef par ce projet innovant : ils conduisent des changements de structure eux-mêmes. Ils doivent à leur tour expliquer, vendre comme on dit, la solution retenue à des équipes qui ont reçu depuis des lustres comme message de leur hiérarchie qu'il était logique de maintenir des métiers et des fonctions séparés.

Je leur montre que la démarche que suit leur entreprise est similaire à ce que connaissent la plupart des organisations du privé et même du public. Ce mouvement qui prône le décloisonnement comprend trois volets : le reengineering des processus pour assurer une fluidité transversale entre activités, la création d'équipes autonomes polyvalentes avec la gestion de compte centralisée pour faciliter la résolution des problèmes au plus proche du client, puis la création de services centraux communs (shared services), pour réduire les coûts en exploitant toutes les synergies possibles.

Je souligne que ces changements, auxquels ils sont confrontés, sont positifs car ils vont dans le sens de la mise en place d'une organisation plus souple, moins hiérarchique et plus réactive. Généralement mes auditoires sont intéressés par les outils et les grilles de lecture que je leur propose. Mais, je sens bien, ici, que je suis loin d'emporter l'adhésion.

Pourquoi ne partagent-ils pas mon enthousiasme pour l'esprit d'équipe, la coopération et l'abandon du cloisonnement bureaucratique ? Bref, ils me font le coup de la résistance au changement !

Testons le modèle commun de résistance

C'est le moment de tester le modèle psychologique commun. Les gens bloquent, soit parce que tout le monde n'y gagne pas, soit parce qu'ils butent sur l'incertitude.

Cause 1 : tout le monde n'y gagne pas

Sur le versant rationnel, la résistance au changement a pour origine la détection par l'intéressé d'un marché où il perd. Ainsi, certains participants s'opposent à l'idée de regroupement d'unités en des équipes décloisonnées et polyvalentes. Ils me disent que le vrai problème est qu'ils doivent faire face à toujours plus de charge avec des moyens qui se réduisent.

J'apprends ainsi que tout le monde n'a pas à gagner de ce changement. Loin s'en faut. Certains vont faire les frais de l'opération, comme dans toute fusion.

Les postes hiérarchiques en doublon doivent être éliminés. La direction a prévu pour ceux-là des postes de chargés de mission fonctionnels, un rôle transversal d'appui au responsable du nouvel ensemble, sans doute moins valorisant et plus ambigu sur les perspectives d'évolution.

On peut imaginer que, dans ce cas, il serait nécessaire de présenter positivement les changements proposés. La cause 1 du modèle psychologique est donc bien validée par les faits. En termes lapidaires, on peut dire que quand les gens ont le sentiment d'y perdre, ils résistent, tout naturellement.

Cause 2 : l'angoisse face à l'incertitude

Sur le versant irrationnel, la résistance au changement aurait pour cause la peur de l'incertitude. D'après ce modèle psychologique, c'est le projet lui-même qui occasionne la résistance et rien n'est dit sur le contexte de management qui préside au changement.

Écoutons ce qu'ont à nous dire ces cadres intermédiaires de la banque BGD, en chair et en os.

Ils semblent tout à fait calmes et analysent sereinement la situation. Pourtant, dans cette organisation, les gens s'imaginent que, derrière ce que leur dit la hiérarchie, il y a une sorte de plan caché.

Où s'arrêtent les changements annoncés ? Quelles en sont les conséquences pour l'emploi et les effectifs ? Qu'est-ce qui se trouve à l'origine du doute ? Est-ce avant tout le message qui n'est pas assez clair, ou le manque de confiance qui vise la hiérarchie elle-même ?

Les participants estiment que, dans la plupart des cas, les objectifs de performance leurs sont imposés, alors que, par ailleurs, le management prône la concertation.

Ainsi va la perception d'une partie non négligeable des intéressés. Cet écart entre le discours et la pratique quotidienne enfonce un coin dans le contrat de confiance, censé relier manager et managé.

La tribu opérationnelle attend d'être reconnue, dans ses mérites et dans son identité. Un management qui ne la reconnaît pas n'est pas digne d'intérêt et n'est pas légitime. Qui vient justement chatouiller le « maître » sur sa légitimité ? L'hystérique. Tel est le mécanisme de défense qui renforce, à son tour, les filtres culturels et les préjugés de la tribu.

Le changement n'intervient jamais sur un terrain neutre, mais dans un contexte de relation marqué par une histoire et caractérisé par un niveau de confiance spécifique. Est-ce la méfiance qui crée les jeux de pouvoir, ou les jeux de pouvoir qui créent la méfiance ?

La hiérarchie a une expression bien à elle pour parler des responsables locaux, « de quel côté êtes-vous ? », autrement dit, êtes-vous du côté du frein ou de l'accélérateur au changement ?

La loi n° 5 est bien à l'œuvre.

La capacité à tolérer l'incertitude est liée à des capacités subjectives, comme la tolérance à l'ambiguïté. De même, le niveau d'incertitude n'existe pas en soi : il est perçu par quelqu'un. Dans ces conditions, moins les salariés ont confiance dans le management plus le sentiment d'incertitude augmente.

Le « degré d'angoisse » dans lequel se trouve une personne influence son mode de calcul « coûts-avantages ». Donc, si elle a peu confiance dans sa hiérarchie, la personne aura tendance à surpondérer les coûts cachés des solutions que lui propose celle-ci.

Qu'est-ce que les gens craignent ? L'incertitude, c'est-à-dire le fait de dépendre d'une force imprévisible. Aussi élaborent-ils des stratégies pour s'en protéger, pour réduire cette dépendance. S'ils ne peuvent agir directement sur la source d'incertitude, ils mettent en place des boucliers, des dispositifs de défense. Si le dispositif est efficace, ils l'investissent de leur confiance. La tribu, ou le réseau primaire de relations, jouent ce rôle. Ils font office de « base de vie » de la confiance.

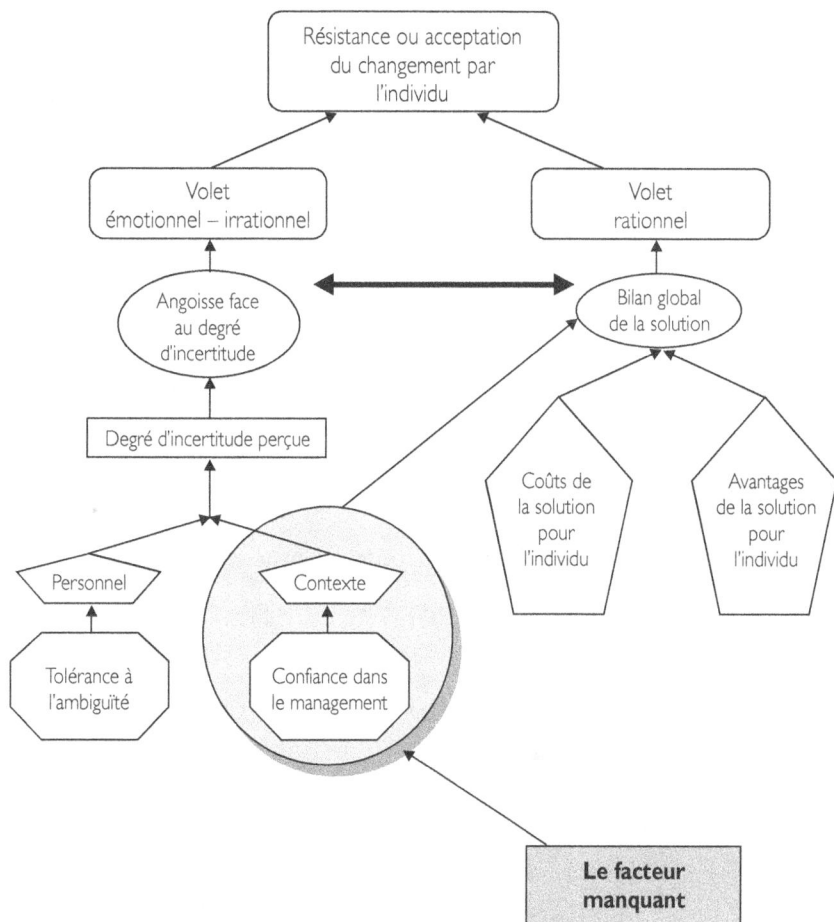

Le modèle mental de résistance modifié

Résumé
Les équipes dirigeantes sont à dominante obsessionnelle et ne s'en rendent pas compte. La plupart des consultants se gardent bien de leur apprendre. Le modèle de la machine fait l'impasse sur une condition essentielle de l'efficacité : la confiance entre dirigeants et salariés.

Acteur	Objectif	Ressources	Contrainte	Stratégie
Dirigeants	Rentabilité Maîtrise	Leviers formels Structures Procédures Autorité	Le comportement des hommes Les marchés financiers	Obsessionnelle : Transformer l'organisation en machine Ne pas écouter
Opérationnels Cadres, salariés	Autonomie Reconnaissance	Leviers informels Réseau local	Les objectifs fixés Les règles Les aléas	Hystérique : Masquer Revendiquer

La stratégie des acteurs : synthèse

CHAPITRE 10

Atouts et limites d'une approche hystérique du management

Envisageons à présent les alternatives. Les structures à dominantes hystériques permettent-elle d'échapper aux cinq lois ?

Les exemples de management hystérique que nous avons présentés, certes caricaturaux, nous incitent à la prudence. Si les règles ne créent pas la confiance, leur absence ne garantie aucunement son développement. Au bout du compte, pilotée par un management hystérique, les tribus opérationnelles sont souvent obligées d'adopter un profil obsessionnel pour faire tourner la boutique au quotidien, satisfaire les commandes des clients, serrer les coûts et assurer les rentrées d'argent. Bref, c'est le monde à l'envers !

Continuons notre détour par les consultants, révélateurs des discours et des préoccupations des dirigeants, pour creuser l'approche hystérique.

Les consultants à dominante obsessionnelle ne monopolisent pas le marché, même s'ils n'en sont pas loin. Leur part de marché n'est que la traduction du poids de l'obsession dans le management. Une minorité de consultants arrive à faire entendre une musique de type alternatif, puisant sa force et son originalité dans sa connaissance des sciences humaines[1], et dans le recours aux outils de la sociologie.

Ce qui rapproche ces praticiens d'une démarche alternative du changement, c'est d'abord une distance marquée vis-à-vis des professions de foi mécanistes. Pour eux, le consultant classique propose des solutions certes très lisibles, dûment éprouvées, mais standard, car sorties d'un répertoire des meilleures pratiques[2].

Pour ces consultants, le problème du changement réside essentiellement dans la loi N° 3, cette myopie du formel dont souffre le dirigeant. Il faut donc trouver des parades à cette loi. Lesquelles ? En donnant l'occasion aux dirigeants de découvrir les mécanismes propres à la partie immergée de l'iceberg organisationnel. C'est en cela que ces démarches sont de nature hystérique.

Cet apprentissage passe par la découverte de la différence entre la structure et les modes de fonctionnement, l'explication du comportement comme stratégie, la prise en compte des filtres de la rationalité limitée, la reconstruction du système des réseaux relationnels à partir du sociogramme (la carte des relations de l'acteur avec ses principaux partenaires, qualifiées en termes d'intensité et de qualité). Pour un dirigeant « classique », la découverte de cette partie informelle de l'organisation est toujours très enrichissante.

---

1. Proposant dans leur offre des éléments de cette démarche alternative, au moins partiellement, on peut notamment citer Bernard Brunhes, IDRH ou Mercer Delta, et bien d'autres.
2. Dans un ouvrage par ailleurs intéressant, *La métamorphose des géants*, Éditions d'Organisation, 2004, P-E Tixier, R. Ramirez, Ch. Heckscher et M. Maccoby, dressent un portrait critique du consultant « expert », du type Accenture, BCG, ou McKinsey, qui occupe une place centrale dans le conseil. Mais, ils ne se demandent pas pourquoi, ces consultants qui utilisent des méthodes dont ils dénoncent les effets pervers, ont une bien plus grande part de marché que les consultants aux démarches alternatives « sophistiquées » dont ils se réclament. Les consultants « experts » n'occuperaient pas une telle place s'il n'y avait pas de demande. Là est, à notre sens, une vraie question.

1. Révéler les tabous

Une lecture hystérique de l'organisation s'articule autour des points de méthode suivants.

D'abord la structure n'est pas l'organisation. Si les gens se comportaient comme le disent les règles, ça se saurait. La règle ne commande pas aux réseaux.

La stratégie d'un individu est le résultat d'un choix d'actions pour optimiser son intérêt dans une situation donnée. Elle se traduit par un comportement et, au niveau collectif, par des jeux de pouvoir.

Une stratégie est toujours rationnelle, mais par rapport à une grille de lecture spécifique. Autrement dit, d'où parle celui qui observe ? Ce qui est rationnel pour les uns peut paraître irrationnel pour les autres. Au départ, la stratégie fondamentale de tout individu ou groupe d'individus est de préserver ou d'élargir son autonomie (au sens où l'un et l'autre définissent l'autonomie).

Telle façon de faire, apparemment poursuivie avec détermination, peut paraître irrationnelle aux yeux d'un autre acteur, si, par exemple, le comportement en question aboutit à une destruction de l'individu, comme dans le cas de l'alcoolisme. Pour comprendre le comportement, il faut déceler les bénéfices secondaires qu'en tire l'individu qui s'y adonne[1].

Ensuite, le symptôme n'est pas la cause. La cause peut se loger dans la partie immergée de l'iceberg. On tend à projeter les causes qui nous arrangent pour expliquer un phénomène. On dira que les performances de tel vendeur sont insuffisantes parce qu'il est incompétent ou paresseux. La raison est peut-être qu'il est insatisfait de la manière dont les objectifs lui ont été fixés.

---

1. Et là, l'inconscient est évidemment à l'œuvre, avec les mécanismes de défense.

Le sociogramme est la clé du fonctionnement réel. Chacun de nous évolue en mobilisant les ressources concrètes de son environnement. Pour réaliser son travail, chacun s'appuie sur des alliés et se protège des individus moins coopératifs, voire, qui pourraient lui nuire.

Si chacun de nous veut bien réfléchir à son comportement quotidien dans l'entreprise, nul doute qu'il y découvrira des manœuvres et des stratégies.

> Par exemple, j'ai trente-cinq ans, et je ne veux pas moisir longtemps dans mon service d'appartenance, la comptabilité. Je voudrais évoluer vers l'informatique. Que puis-je faire ? Quels sont mes atouts ? Mon chef de service ? La DRH ? Le chef du département informatique ? Et comment dire les choses ? Voilà autant de questions qui demandent réflexion. Immanquablement, je vais me tourner vers mon « sociogramme » pour voir qui peut m'aider et qui peut être un obstacle à la réalisation de mon objectif.

En somme, selon une grille de lecture hystérique, la stratégie d'un individu correspond à la manière dont il va mobiliser les ressources et contourner les contraintes pour atteindre son objectif intime.

Pour le manager obsessionnel, au contraire, la stratégie, c'est toujours ce qu'il « faut » faire. Il ne lui vient pas spontanément à l'esprit que ses collaborateurs puissent avoir des stratégies « privées » en quelque sorte, pour échapper aux pesanteurs organisationnelles.

Selon la démarche hystérique, la première étape du changement consiste à faire « remonter » la partie immergée de l'iceberg. Il faut mettre à jour le « facteur manquant » pour briser les *a priori* obsessionnels.

Le consultant procède à des entretiens qualitatifs et confidentiels auprès d'un échantillon de personnes. Cet échantillon doit permettre de reconstituer les jeux de pouvoir autour d'un processus, le long de lignes hiérarchiques ou à l'échelle d'un métier ou de toute une division. Les entretiens permettent de passer sous la couche du formel pour dégager les tabous, les identités, les jeux de pouvoir des baronnies et des réseaux, les conflits et les revendications des tribus locales.

Et le consultant de restituer au client, l'ensemble du diagnostic, tabous y compris. C'est là que la corde peut casser, pour deux raisons.

D'abord, le client, généralement obsessionnel, ne veut justement pas entendre ces écarts de l'informel et ces critiques qui remontent du terrain. Il a bien voulu suivre le consultant dans sa démarche, tant que celle-ci restait au niveau théorique. Mais, il veut que tout fonctionne selon la règle, il n'en démordra pas. Et voilà qu'un consultant bizarre vient lui suggérer qu'un grain de sable s'est glissé dans la belle horloge !

D'autre part, la mise en œuvre, elle-même, fait problème. La démarche hystérique, nous l'avons vu, ne veut pas se laisser empêtrer par les contraintes de la gestion opérationnelle. Régnant sur les hautes sphères de la stratégie, elle laisse les problèmes de graissage et de boulons à l'obsessionnel besogneux. Et le client, décontenancé, reste, seul, face à la pile de problèmes concrets qui n'a pas diminué depuis le début de l'exercice.

La démarche hystérique ne rencontre donc pas nécessairement plus de succès que la démarche obsessionnelle, mais pour des raisons inverses.

Le consultant classique, de type obsessionnel, se heurte à la résistance des tribus qui refusent d'entrer dans le moule organisationnel qu'on leur impose. La démarche alternative du consultant hystérique se heurte aux rentiers qui s'ignorent, mais qui comprennent trop bien que le diagnostic dénonce leurs arrangements conservateurs.

Finalement, et il faudrait sans doute en analyser les raisons, le sociologue, tout comme le consultant en relations humaines ou le coach, en arrivent à se plier aux contraintes de la réalité du client. Ils proposent, chacun à leur manière, une méthode pour assurer l'alignement des comportements sur l'objectif de performance. Il n'y a rien de choquant là dedans. Sauf qu'ils contribuent à entretenir les mécanismes de défenses et les illusions des uns et des autres. Le dirigeant obsessionnel semble dire au sociologue : « Encore une minute monsieur le bourreau, j'ai besoin de cette illusion pour continuer de jouir, ne me dites pas que c'est une illusion. » Et le dirigeant de croire que l'organisation est une machine, et le salarié que l'organisation ne lui donne pas le sens recherché.

2. Le secret de Polichinelle

Ce que nous annoncions plus haut avec le désir mimétique se confirme. Chacun cherche à jouir, à sa manière, hystérique ou obsessionnelle. Les choses se compliquent, car ce n'est pas une sinécure : certains même ne savent jouir que dans le drame. L'entreprise est un monde irrationnel où les arguments rationnels n'ont aucune portée. La rationalité est une convenance pour cacher l'irrationnel.

Chacun attend que son Narcisse soit valorisé. L'hystérique veut bien tout entendre à condition qu'on lui dise qu'il est le plus beau et qu'il lui suffit de continuer de surfer pour réussir. De son côté, l'obsessionnel veut bien, également, tout entendre à condition qu'on lui confirme que l'organisation est bien une machine dont il serait le maître. C'est là qu'intervient le pouvoir. Vous pouvez identifier d'une façon sûre une personne qui a « le pouvoir » au fait qu'elle n'est pas contrariée dans sa jouissance. Inversement, vous voyez à quoi on reconnaît celui qui n'a pas le pouvoir.

Le mot d'ordre reste : « Ne touche pas à mon fantasme » !

Donnons des exemples.

> Le premier exemple est celui de la DRH qui se décarcasse pour monter un programme de séminaire « haut de gamme » pour cadres dirigeants « exigeants ». Le manager peut ainsi obtenir qu'on lui serve le programme qui lui fera plaisir. Et il faut que la DRH devine ce qui lui fera plaisir, sinon, attention aux coups de bâton en retour. Le programme n'a pas

pour but d'apprendre quelque chose aux dirigeants, de toute façon, ils savent tout et ce sont les meilleurs puisqu'ils sont au sommet de la pyramide ! Vous avez la recette du programme : un peu de paillettes pour les hystériques sur la forme et la présentation de recettes pour encore mieux contrôler la machine sur le fond, pour le public obsessionnel. L'important, c'est que les hystériques et les obsessionnels soient rassasiés dans leurs fantasmes respectifs.

Le second exemple est celui du dirigeant qui affiche une nouvelle politique. Dans sa mise en œuvre elle ne marche pas. Mais surtout il ne faut pas lui dire. Il rêve d'avoir le prix Nobel pour cela.

L'organisation verse dans le cynisme quand le marketing des idées et la préservation de l'image des puissants compte plus que les comportements et les résultats. Ce qui n'est pas inéluctable !

Tout ceci nous confirme que les meilleures pratiques de conduite du changement, promues par les consultants, partagées par le management des entreprises et largement diffusées ne peuvent qu'échouer.

Obsessionnelle ou hystérique sans le savoir, elles ne peuvent que renforcer les tendances hystériques ou obsessionnelles des cultures en place, ou créer des blocages et subir un rejet. Pour échapper aux pièges attirants du mensonge, il faut élever le niveau de maturité de nos organisations.

Il faut faire évoluer les cultures pour éviter les blocages et le réveil des mécanismes de défense. Comment développer et mettre en place des processus d'apprentissage ? Une fois ce cadre fixé, qui exige, comme nous le verrons, stabilité et persistance de l'effort sur le long terme, il est possible de recourir de façon fructueuse, aux démarches de changement, en ciblant, alors, des résultats sur le court terme.

Tout ceci devrait permettre d'injecter une dose de lucidité suffisante dans les liaisons dirigeants-salariés.

Résumé de la partie II

La dominante obsessionnelle du management explique bien le fonctionnement immuable des cinq lois et l'alimentation permanente en carburant de plaintes de la distillerie du désir. L'homme, avec ses désirs, ne se retrouve pas dans la machine, et celle-ci bute sur la défiance.

Les voies de progrès ne sont pas évidentes.

D'une part, la solution ne se trouve pas dans le « tout hystérique » : l'absence de règles pénalise la confiance.

D'autre part, les structures obsessionnelles et hystériques tendent à s'opposer de façon stérile.

Il doit être possible de trouver une formule de synthèse qui permette, par l'apprentissage, de réduire les œillères des uns et des autres et de tarir le recours aux mécanismes de défense.

PARTIE III

Restaurer la confiance : l'entreprise apprenante

Le progrès passe par une prise de conscience des acteurs de l'entreprise du poids des mécanismes de défense et des fantasmes sous-jacents. Or ceux-ci sont largement invisibles aux acteurs eux-mêmes. Et si on les révèlent aux acteurs, ceux-ci deviennent défensifs, pour de bon. Et la confiance s'enraye. Les cinq lois ont tout de la fatalité !

Il nous faut trouver une méthode douce, évitant les chocs frontaux. Donc, une méthode nécessairement inscrite dans le temps.

Observons les cultures d'entreprise à l'œuvre, leur dynamique et leur évolution. Existe-t-il des cultures respirant plus la confiance que d'autres ? Pouvons-nous identifier des cultures plus tolérantes, où les dimensions obsessionnelles et hystériques cohabitent sans mobiliser des dispositifs de défense ? En résumé, nous sommes à la recherche d'une culture ou d'une organisation apprenante.

On appelle « culture apprenante », une culture permettant la détection des problèmes et l'évaluation des résultats dans le but d'améliorer, en continu, la capacité à prendre des décisions pertinentes. Cela passe par le développement des compétences et la mise en place de systèmes d'information appropriés.

CHAPITRE 11

La dynamique des cultures d'entreprise

1. Les composants de base de la culture

La culture constitue un cadre de référence qui conditionne les perceptions, les décisions et les actions. À l'échelle de l'entreprise, nous avons distingué deux types de culture : le formel ou l'obsessionnel, plutôt porté par les dirigeants et la technostructure, et l'informel ou l'hystérique, plutôt porté par les opérationnels.

LA CULTURE

Rappelons ce que comprend la culture :
- les valeurs déclarées ou affichées : ce sont les grandes options qui déterminent les axes de mobilisation individuels et collectifs ;
- les normes et règles du jeu : ce sont les contraintes qui définissent le mode d'appartenance d'un individu à un groupe ;
- les modèles mentaux : les grilles de décodage du monde ;
- les mécanismes de défense : les procédés que l'entreprise met à disposition pour permettre à chacun de gérer les situations tout en préservant les grands équilibres relationnels (appartenance au groupe, sauver la face…).

Nous n'affirmons pas qu'il existe un déterminisme total des comportements par la culture. Toute culture est aussi créée par les gens qui la partagent. Mais toute culture se caractérise par un référentiel peu visible que les membres cherchent à préserver car il est la source de leur identité.

La culture a aussi son iceberg. Les valeurs déclarées et les normes appartiennent à la partie émergée. Les modèles mentaux et les mécanismes de défense sont des éléments de la partie immergée.

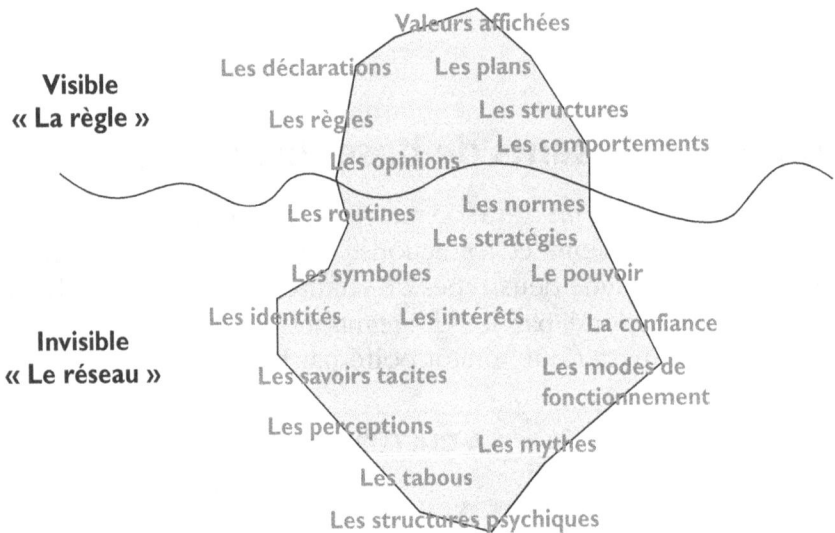

Visible
« La règle »

Valeurs affichées
Les déclarations   Les plans
Les règles   Les structures
Les comportements
Les opinions
Les routines   Les normes
Les stratégies
Les symboles   Le pouvoir

Invisible
« Le réseau »

Les identités   Les intérêts   La confiance
Les savoirs tacites   Les modes de
fonctionnement
Les perceptions
Les mythes
Les tabous
Les structures psychiques

L'iceberg de la culture

La culture a sa propre dynamique. Elle est le résultat, toujours en évolution, des croyances du fondateur, des apports des nouveaux dirigeants ou de personnes influentes et de l'apprentissage organisationnel des situations nouvelles. Dès le départ, la culture contient une « charge inconsciente » puisqu'elle est marquée par le style du fondateur et, dans une certaine mesure, par sa structure psychique.

Le couple hystérie-obsession qui nous a servi utilement pour présenter les grandes populations de managers est mis à contribution pour décrire les cultures. Nous l'avons vu : le dirigeant, par ses décisions et ses comportements, influence directement et indirectement le fonctionnement des sous-groupes et des groupes humains qui dépendent de lui. Ainsi des référentiels partagés, obsessionnels ou hystériques, se dégagent pour donner la dimension d'une culture. Ce que nous avons dit des structures individuelles vaut pour les cultures d'entreprise. Rares sont les cultures exclusivement d'une tendance ou d'une autre. La plupart présente une combinaison des deux. Il est important, au sein même d'une culture d'entreprise, de dégager les sous-groupes à dominante obsessionnelle et ceux à dominante hystérique afin de mettre à jour la dynamique entre les deux.

2. La dynamique des cultures

La culture est vivante. Elle s'adapte aux contextes et garde la trace des changements. La culture d'entreprise évolue et passe par trois grandes phases : la fondation, la maturation et, éventuellement, le déclin[1].

La fondation

Dans la phase de création, le rôle du fondateur est essentiel. En fait, culture, organisation et comportement du leader ne font qu'un. La création d'entreprise s'inspirant d'une prise de risque et d'une remise en cause de l'ordre existant nécessite toujours une dose d'hystérie.

La culture d'entreprise est indissociable du mode de fonctionnement de son dirigeant. Les tâches de gestion prenant de l'impor-

---

1. Voir Edgar H. Schein, *Organisational culture and leadership,* Jossey Bass, 1997.

tance, le dirigeant pourra s'appuyer sur un collaborateur au profil obsessionnel pour le seconder dans l'administration. À ce stade, la part formelle de l'organisation est encore réduite à sa plus simple expression. L'organisation ne comprend qu'un seul clan, celui du fondateur. Et les récalcitrants ou les indépendants sont vite priés de partir ; il n'y a pas de place pour un double leadership.

La maturation

Différenciation et intégration

Au fur et à mesure que l'entreprise croît, elle se différencie, par fonction, par métier, par produit, par niveau hiérarchique, puis par pays. Chaque unité de base se concentre sur ses tâches et les incertitudes de son environnement. Des compétences spécifiques sont nécessaires par segment d'activité et chaque nouvelle recrue apporte avec elle son référentiel culturel. Ainsi se forgent des cultures par sous-groupes et des modèles mentaux par tribus.

La loi N° 2, « chacun voit midi à sa porte », s'installe. Pour assurer la cohérence de l'ensemble, le dirigeant doit développer des mécanismes d'intégration. Au fur et à mesure que se développent des règles, des procédures et des fonctions centrales, la composante formelle de l'organisation s'affirme ainsi que son pendant culturel, le référentiel obsessionnel.

Transmission du pouvoir

L'un des moments forts de la phase de maturité est la transmission des rênes de l'entreprise au successeur du fondateur. Parfois la direction reste aux mains de la famille fondatrice, parfois des managers extérieurs sont appelés à la barre, parfois enfin la famille décide de vendre l'entreprise. Dans tous les cas, le successeur doit supporter une comparaison exigeante avec la légitimité et le mode de management du fondateur. Freud a imaginé la dynamique de cette transformation et de ses composants à partir d'études sur le fonctionnement politique des sociétés primitives : le meurtre du père, la domination de la horde sauvage et la régulation par le culte du Totem[1].

Le déclin

La culture de l'entreprise peut parfois tomber sous l'emprise de l'une des deux structures psychiques, hystérique et obsessionnelle. Les valeurs affichées ne se retrouvent pas dans les pratiques et le discours du dirigeant perd en crédibilité. Le formel se sépare de l'informel. Les mécanismes de défense, notamment le déni et la rationalisation, empêchent l'organisation d'apprendre.

Cette pente du déclin peut mener l'entreprise plus ou moins rapidement à la faillite, comme le relatent régulièrement les chroniques des journaux.

3. Deux cas d'entreprise

Nous allons appliquer nos grilles de lecture à deux cas d'entreprise, afin d'en évaluer la pertinence.

Le cas Transnat : la modernisation réduit l'autonomie

Historique et fondamentaux

Cette très grande entreprise évolue d'une organisation militaro-hiérarchique vers une organisation matricielle, divisée par segment de clientèle et par zone géographique.

La caractéristique principale de sa production est celle d'un réseau avec une forte interdépendance des acteurs. La sécurité, les métiers, l'excellence technique et la fiabilité constituent de fortes valeurs d'intégration.

---

1. S. Freud, *Totem et Tabou*.

Le management est stable : le président est en poste depuis près de dix ans. De nouvelles orientations préconisent d'ailleurs un allongement de la durée en poste des managers en mobilité.

La promotion interne est privilégiée et le management a toute sa légitimité auprès des personnels. La direction générale cherche à faire évoluer la communication, traditionnellement de type écrit, vers l'oral. La stratégie est bien établie et communiquée à l'ensemble du personnel. La qualité et la précision de la logistique jouent un rôle clé et ont suscité le développement d'une organisation de type taylorien. Il en découle une forte centralisation des décisions au sommet, y compris au sein de la technostructure.

Si la technostructure centrale et la hiérarchie sont pesantes, des cultures de tribu robustes prennent racine par métier. Les grèves émaillent fréquemment le dialogue social.

L'entreprise a connu ses heures de gloire par sa place dans la vie du pays, mais depuis plusieurs décennies, elle enchaîne les plans de restructuration, perçus comme un déclin irrémédiable par le personnel.

Évolution

L'entreprise poursuit alors les évolutions suivantes.

D'abord, elle relance une stratégie de conquête de parts de marché.

Ensuite, elle s'engage dans un processus d'allègement des structures et de généralisation d'un management à trois niveaux : national, établissement et équipe. La création et le renforcement du rôle des responsables locaux, proches du terrain, visent à ce que les équipes se sentent soutenues par leur responsable direct. Aujourd'hui, on ne veut plus des « hiérarchiques » mais des patrons !

Parallèlement, l'entreprise avance en décentralisant et en mettant en place un management par objectifs, avec toutes les difficultés et limites imposées par une production très maillée et interdépendante. Au pilotage par les prescriptions et le contrôle des moyens, succède un pilotage par les résultats.

Les ressources humaines accompagnent le changement. L'allongement de la durée des managers en poste doit favoriser la cohésion des équipes et le suivi des projets. Le recours à des baromètres de management se généralise. Les mouvements sociaux sont en diminution constante.

Problème

La modernisation, qui doit passer par la déconcentration des responsabilités, met du temps à se mettre en place.

Interprétation

La tendance obsessionnelle de la culture globale d'entreprise (impératifs de sécurité, de fiabilité et production en « réseau ») est traditionnellement compensée par la montée de l'identité des métiers, dont la manifestation hystérique (remise en cause de l'ordre) se traduit par de nombreux mouvements revendicatifs.

L'avancée vers la décentralisation reste ambiguë. La technostructure s'appuie sur le management par objectifs pour mieux maîtriser la modernisation, mais la tradition normative, jusqu'à présent en vigueur, perdure.

Dans ces conditions, le responsable local dispose de peu de marge de manœuvre et la prise d'initiatives à la base s'en trouve réduite.

D'où le paradoxe perçu par plus d'un. La modernisation, censée favoriser la prise d'initiatives et la capacité de décision (volet hystérique) renforce, de facto, le côté obsessionnel (contrôle).

Le cas DKLog International : le sens du changement

Historique et fondamentaux

Cette entreprise encore jeune, a rapidement acquis une dimension internationale, pour devenir le leader mondial dans le domaine des logiciels d'application.

L'entreprise a pris son essor il y a une trentaine d'années, sous l'impulsion de son charismatique fondateur qui a su développer une véritable culture d'entreprise et transformer le quotidien en une aventure collective. Elle a crû rapidement, principalement par croissance externe.

Cette culture s'est trouvée inscrite dans des valeurs (innovation, respect de la parole donnée, impératif client, notamment), elles-mêmes déclinées en style de management. Des centres de formation et des parcours de carrière adaptés assurent la « socialisation » des managers et l'ancrage de ces valeurs dans le quotidien. La culture du groupe a pour vocation de dépasser les cultures nationales des filiales. La continuité et la cohérence des messages sont renforcées par le fait que la communication et les ressources humaines sont chapeautées par une même direction.

Évolution

Deux changements majeurs surviennent, à peu près au même moment : le départ du fondateur avec son remplacement par un dirigeant de profil « manager », et le durcissement de la situation économique.

Dans un premier temps la succession s'est déroulée en douceur, le président ayant préparé cette échéance de longue date et ayant trouvé un dauphin en interne.

Les choses se compliquent quand le nouveau président doit adapter la stratégie d'entreprise au nouveau contexte économique.

Les moteurs de la croissance basculent de l'externe vers l'interne. La machine DKLog doit être plus efficace. L'entreprise se lance à la fois dans des plans de réduction de coûts et d'alignement de l'organisation sur les principaux processus.

Les plans d'économie aboutissent à supprimer des programmes de formation emblématiques, souhaités par le fondateur pour faciliter le partage d'une culture commune. Les ressources humaines sont à présent séparées de la communication.

Ces plans s'accompagnent d'une centralisation et d'une mutualisation des fonctions supports. Ainsi, non seulement les ressources humaines sont retirées des sites locaux pour être centralisées, mais c'est à présent la direction centrale des ressources humaines qui fixe les effectifs par poste pour les sites opérationnels.

La nouvelle direction s'est séparée de la moitié des cadres dirigeants en quatre ans.

Le problème

Le management de cette entreprise donne le sentiment de ne pas savoir piloter le changement.

Il n'a pas su donner de sens à la nouvelle politique. La direction générale se défend en disant que, de toute façon, les mauvaises nouvelles sont toujours mal acceptées.

Les sites opérationnels éloignent le pouvoir technocratique des fonctions support. Paradoxalement, la direction générale donne souvent raison aux opérationnels aux dépens de la technostructure, laissant celle-ci dans une inconfortable position de porte-à-faux. Finalement, le modèle unique, censé s'imposer à l'organisation des sites opérationnels, souffre de multiples exceptions qui entachent sa crédibilité.

Chacun protège son territoire et la transversalité est loin d'être une vertu partagée, y compris au sein des opérationnels.

La politique de pression sur les coûts s'appuie sur des benchmarks (analyse comparative de performance entre différentes unités) qui ont l'effet « coup de poing » d'opérations vérité. La non-qualité atteint, en fait, des niveaux considérables. Depuis dix ans, DKLog perd des clients, ce qui fait transparaître des insuffisances de compétences multiples.

Tout le monde est en dessous des objectifs, mais la plupart des dirigeants s'arrangent pour être à 100 %. Pourtant la sanction tombe : de nombreux cadres dirigeants sont « remerciés » sans que l'on sache sur quels critères, ni par qui. Parallèlement les comportements de courtisans prospèrent.

On est très loin de l'entreprise « apprenante » : absence de groupes de travail transversaux, de groupes projets, d'organisation en réseaux ou en pôles de compétences… Les gens rechignent face au changement lorsqu'ils en comprennent mal les orientations.

Interprétation

Le management de DKLog bute sur les difficultés suivantes.

• **Une culture fondatrice hystérique**

Lorsqu'on passe d'une croissance externe à une croissance interne, les leviers du changement, eux aussi, évoluent. Si la première met l'accent sur la capacité à mener à bien des fusions, c'est plutôt la seconde qui exige des compétences en conduite de changement. La croissance interne nécessite un savoir-faire en constante amélioration résultant d'une succession de projets de changement réussis.

La culture fondatrice, étalon de légitimité, est comme toujours à dominante hystérique (un fondateur charismatique, la croissance externe, le pouvoir aux opérationnels).

Elle soutient des stratégies d'expansion mais ne favorise pas le souci du détail, de la technique et de l'optimisation que l'on trouve plutôt dans le répertoire formel.

◦ Facteur aggravant n° 1 : les gens ont cru au mythe

Les gens ne comprennent pas que l'entreprise veuille serrer les boulons, alors qu'ils se croient… excellents.

L'entreprise a vécu sur un mensonge. Sa performance économique passée est due, en grande partie, à des facteurs externes : profitant d'une innovation technologique, elle a joui pendant deux décennies d'une position de quasi-monopole lui permettant de garder des marges artificiellement élevées. Et dans le sillage du patron charismatique, des collaborateurs ont bénéficié d'une ascension rapide, plus en raison de leur loyauté que de leurs compétences intrinsèques.

Le durcissement de la concurrence et la relative banalisation de son offre révèle tardivement que la performance opérationnelle était largement surfaite.

Nous le savons, une entreprise ne peut avancer lorsque les discours et les croyances reposent sur un mensonge. Ce dernier sert d'ailleurs le mythe fondateur, duquel chacun tire des bénéfices narcissiques, y compris l'actuelle direction.

◦ Facteur aggravant n° 2 : les règles ne sont pas appliquées

La fameuse rupture formel/informel ne manque pas de marquer DKLog : la technostructure a en principe le pouvoir, mais les opérationnels bricolent leurs solutions, chacun dans son coin. Cette rupture traîne avec elle la cohorte classique des maux insidieux.

DKLog passe du paternalisme, fondé sur le contrat implicite soumission-protection, à un monde impersonnel, où tout dépend d'outils, *a priori*, neutres et objectifs.

Quand les opérationnels se rebiffent contre la technostructure, la direction générale laisse faire, espérant que les choses se réguleront toutes seules. En l'absence d'arbitrage, le monde de la bureaucratie côtoie étrangement le monde du marché libre. Où sont passées les règles ?

La pression à coopérer, par la centralisation des fonctions, débouche, par le jeu des pouvoirs, sur le renforcement des prés carrés. La confiance est émiettée. Les projets de rationalisation, conduits par des groupes multifonctionnels représentant les ressources humaines, l'informatique et les fonctions techniques, n'avancent pas.

Le manque de clarté dans les règles du jeu se traduit aussi dans l'évaluation des cadres et dirigeants, et dans le mode d'application des sanctions.

Si un écart se glisse au plus haut niveau entre ce que l'on dit et ce que l'on fait, alors les règles édictées perdent toute leur substance.

Synthèse

En fait DKLog présente tous les signes d'un basculement raté de la culture hystérique vers la culture obsessionnelle.

D'abord, le nouveau management affiche sa volonté de se délester de l'ancienne culture qui rappelle trop le fondateur. Il tue symboliquement le père, en quelque sorte, en supprimant les programmes de formation « corporate », véhicule emblématique de la culture fondatrice. Mais, comme dans toute logique obsessionnelle, le meurtre du père n'est acceptable que s'il est accompagné d'une culpabilisation, d'un acte de contrition : la réduction des coûts et le serrage de vis. La nouvelle direction générale supprime bien toute référence « jouissive » au travail.

Puis, tout le catalogue de l'organisation formelle se met en place : centralisation, renforcement du poids des technostructures sur les opérationnels, développement de la logique formelle (meilleures pratiques, objectifs, standards de qualité, organisation par processus).

Avec un problème majeur : le management par la règle ne va pas jusqu'au bout. La pression des technostructures obsessionnelles se heurte aux villages gaulois des barons locaux, héritiers de la culture fondatrice. C'est là que le bât blesse. La direction générale laisse faire.

Les règles proclamées n'étant pas appliquées, il s'ensuit l'émergence de comportements que l'on connaît bien : tactiques du courtisan et d'évitement.

DKLog traverse une crise de développement marquée par deux carences : une perte de crédibilité des règles et un manque de repères culturels. D'où la quête de sens insatisfaite.

4. Les enseignements que l'on peut tirer de ces cas

Les cas	Culture d'origine	Cible affichée	Coûts et limites réelles
Transnat	À dominante obsessionnelle, abritant des rentiers et des tribus	Un mixte d'obsession (réduction des coûts) et d'hystérie (décentralisation, réactivité)	L'obsession l'emporte (la responsabilisation limite les marges de manœuvre)
DKLog	Hystérie	Obsession (renforcer les synergies et centraliser)	Passage à l'obsession non assumée

Une classification permet de faire ressortir deux modèles de trajectoire principaux, selon la nature obsessionnelle ou hystérique des cultures d'origine.

Les cultures d'origine obsessionnelle, comme celle de Transnat, progressent vers leur cible tout en ayant du mal à s'« hystériser ». Elles mettent la décentralisation sous contrôle.

Les cultures d'origine hystérique, comme DKLog, cherchent à progresser par un mouvement inverse d'intégration et donc en important des traits obsessionnels. Elles se heurtent toutes à une opposition d'alliances prenant des postures hystériques.

Nous avons bien la confirmation que les cultures obsessionnelles, par leur souci de mise sous contrôle, parviennent à conduire un certain type de changement : par incrément, s'inscrivant dans la durée. Elles sont mieux à même de conduire des programmes de rationalisation et de réduction de coûts que de mobiliser des acteurs par la décentralisation.

Les cultures d'origines hystériques, elles, butent sur la quête de sens : les programmes de réduction des coûts et de centralisation ne répondent pas aux attentes de confirmation des identités. Le changement se fait avec heurts et par à-coups, au gré des alliances, et reflète le style, hystérique ou obsessionnel, de la coalition dirigeante du moment.

Résumé

On voit que toute culture d'entreprise présente naturellement un dosage qui lui est propre d'hystérie et d'obsession. Le dosage sert de carbone 14 : il permet de situer l'entreprise sur son chemin d'évolution.

Mais surtout, les exemples montrent que, comme l'huile et le vinaigre, l'hystérie et l'obsession se complètent, mais ne restent pas longtemps mélangées. Ayant peu d'atomes crochus, elles ne frayent pas spontanément la voie vers une culture apprenante.

Quels leviers d'intégration, quels ponts faut-il mettre en place entre ces deux sous-cultures, pour favoriser les échanges et la circulation des points de vue ?

CHAPITRE 12

Les bons leviers d'intégration

La culture est un élément essentiel pour constituer une entreprise apprenante, mais non suffisant. Pour en apprécier l'efficacité, il faut la replacer dans son contexte. En fait, la direction générale dispose de trois leviers pour assurer la convergence des comportements vers le niveau recherché d'efficacité : la culture, comme nous venons de le voir, mais aussi les processus et enfin la hiérarchie. Précisons ce que nous entendons par processus. Dans les processus, nous intégrons les éléments qui guident de façon explicite les comportements. Cela comprend la règle, mais aussi tout ce qui a les mêmes fonctions que la règle : les procédures, les standards, et les méthodes de travail formalisées.

Donc, le management dispose de trois leviers pour guider les comportements individuels et collectifs. Quelle est la contribution de chacun dans la cohésion et le niveau de confiance globale de l'entreprise ?

1. Les trois types d'entreprise

La combinaison des trois leviers que sont la culture, la hiérarchie et les procédures, permet de dégager trois modes d'intégration : les entreprises publiques, les entreprises internationales (françaises ou étrangères et, dans ce cas, plus généralement anglo-saxonnes) dont la majeure partie du capital est coté en bourse, et les entreprises patrimoniales (d'envergure nationale ou internationale) dont la majorité du capital est aux mains d'un actionnaire de référence stable, souvent, la famille fondatrice.

Modèle 1 : les administrations et entreprises publiques

Les règles de gestion du personnel donnent très peu de leviers aux managers. Le collaborateur ne dépend pas du bon vouloir du « petit chef ». Ce dernier ne fait pas l'objet d'une valorisation particulière puisqu'il a peu de moyens pour influencer, positivement ou négativement, la vie de son collaborateur. Bref, dans le secteur public, les processus sont rois. Les règles envahissantes réduisent d'autant les marges de manœuvre du manager de proximité.

La défiance va atteindre l'ensemble de l'institution. La situation des gens dépend des choix stratégiques des dirigeants. Quels sont les plans et que cachent-ils ? Dans la plupart de ces institutions, les relations de confiance entre le sommet et la base opérationnelle sont entachées par des micro-coupures : la multiplication des niveaux hiérarchiques accroît les occasions de rupture. Transnat illustre bien ce modèle 1.

Dans ce contexte, les agents, comme les dirigeants, vont se raccrocher aux valeurs communes. Elles rassemblent les idées républicaines d'égalité d'accès, de service et d'intégrité. Autour de ce noyau central, très fort, on trouve des valeurs de conscience professionnelle et une certaine distance vis-à-vis des notions de performance et d'argent. D'où l'affirmation tautologique : tout le monde est respectable et digne de confiance dans le service public parce qu'il en respecte les valeurs. C'est par les valeurs que le personnel « tient » ses dirigeants.

Ainsi s'explique le rôle beaucoup plus important des valeurs dans le service public que dans le secteur privé.

Si les sous-cultures hystériques et obsessionnelles s'affrontent dans le secteur public, la dominante est apparemment obsessionnelle :

l'aspect bureaucratique est effectivement frappant. Mesuré à cette aune, le secteur public n'est pas dans le peloton de tête des organisations apprenantes. Ce serait aller aux conclusions un peu vite. Le secteur public bénéficie d'un atout considérable : la culture de service public qui sert de « régulateur », car elle est partagée par tout le monde, hystériques comme obsessionnels.

Les Échos mettent en avant le fait que de nombreux cadres passent du secteur privé au secteur public. La raison ? « Ils veulent donner un sens à leur fonction, être investis d'une mission, tout en ayant une marge de manœuvre. »[1]

Un manager trouverait donc plus de satisfaction dans une administration qu'au siège d'une multinationale ? On croit rêver ! Ce point est cependant essentiel car il commande une règle d'or. La capacité d'apprentissage d'une entreprise est favorisée par sa culture lorsque celle-ci favorise la convergence des intérêts. Comment s'affirme ici cette convergence ? Par le fait d'assurer un service égal pour tous et sur tout le territoire. Cette mission constitue un idéal défendu par tous, dirigeants, cadres et agents. C'est un bien commun.

Donc, dans le secteur public, deux leviers de management l'emportent : la culture et les processus (ou règles et procédures). Le degré d'influence de la hiérarchie est d'autant plus réduit. Ces caractéristiques donnent à ces organisations une grande cohérence d'ensemble.

Modèle 2 : les entreprises multinationales[2]

Les entreprises internationales de type anglo-saxon partagent un point commun avec le service public français : le collaborateur est peu dépendant du manager (un peu plus tout de même !).

---

1. Interview de J-M Lazzari, IBM consulting services, *Les Échos,* mardi 18 mai 2004.
2. Nous rangeons dans cette catégorie également des entreprises françaises d'envergure mondiale. Beaucoup se rapprochent en effet dans leurs modes de fonctionnement de standards internationaux d'origine anglo-saxonne.

En effet, ces entreprises poussent très loin l'explicitation et la standardisation des procédures de ressources humaines et de management de la performance. À la différence du secteur public, la performance individuelle est la clé de tout. Les règles du jeu sont claires : les évaluations reposent sur des critères de performance, en principe, objectifs, des comités de toute sorte révisent les potentiels, les plans de carrières et les plans de succession.

La mise en processus formel des circuits de décision, le *reporting* financier, et l'interdépendance des situations (structures matricielles, réseaux interconnectés) réduisent les marges de manœuvre des managers opérationnels et fonctionnels.

De quoi dépendent les personnes ? Des décisions stratégiques du groupe bien sûr. Si le siège de l'entreprise est à l'étranger, la dépendance est encore plus importante et la crainte de voir les intérêts locaux passer après les intérêts domestiques de la maison mère est grande. On retrouve le même mécanisme que celui que nous avons identifié dans le service public, mais exacerbé.

Est-ce que la culture d'entreprise va servir de ciment, comme dans le service public ? En général, non, la comparaison s'arrête là. Plus ces groupes ont crû par croissance externe, plus des identités différentes, voir hétérogènes cohabitent en leur sein. Les efforts de la communication d'entreprise pour promouvoir les valeurs phares du groupe atteignent rarement leurs objectifs. Le salarié n'investit pas sa confiance au-delà de son unité d'appartenance.

Dans ces conditions, à quoi tient la relation entre le salarié et son entreprise ? À une relation contractuelle, individuelle, essentiellement financière. C'est du donnant-donnant. Le management objectif de la performance permet à l'employé d'avoir une certaine maîtrise du rapport contribution-rétribution et de viser des niveaux de rémunération plus confortables. Pour que le système marche, il suffit que l'employé, ou le cadre, ait confiance dans les procédures de gestion du personnel.

La culture d'entreprise peut jouer un rôle d'intégration dans certains cas. Examinons les.

Ce modèle de régulation est particulièrement adapté aux entreprises d'origine anglo-saxonne. La culture anglo-saxonne présente une caractéristique essentielle, favorable à ce modèle : l'organisation est bonne en soi. Il en découle deux conséquences majeures : d'une part, les procédures prennent le pas sur la hiérarchie, d'autre part la culture d'entreprise et ses valeurs sont légitimes pour servir de guide aux comportements de chacun.

Avec la mondialisation de l'économie et les trains de privatisations, un certain nombre d'entreprises françaises connaissent une évolution du modèle 1 vers le modèle 2[1]. Les choses se passent parfois moins bien que dans le modèle anglo-saxon car, d'une part, la mise en place de procédures réduit les marges de manœuvre du manager qui, pour le coup, se sent vraiment comme un simple rouage dans l'entreprise et d'autre part, la culture latine ne considère pas l'organisation comme « bonne en soi ». Ainsi, tout est relatif, et l'on comprend qu'un manager estime pouvoir mieux assouvir sa soif de pouvoir dans le secteur public que dans le secteur privé !

L'un des effets pervers de la loi sur les 35 heures a sans doute été de renforcer le poids des processus, aux dépens de la hiérarchie et de la culture, dans le management des entreprises françaises.

Le manque de poids à la fois du management et des valeurs d'entreprise réduit les leviers de la confiance et de l'implication. Le cynisme, dans ces conditions, n'est jamais très loin. De façon complémentaire, la demande de sens non satisfaite constitue une source de mécontentement pour les salariés, comme nous l'avons vu chez DKLog.

Dans ce modèle d'entreprise, la cohérence d'ensemble tient à un seul levier : les procédures, qui peuvent devenir envahissantes.

Sans doute faut-il ajouter à la frustration des salariés, le « blues des barons ». La mise en coupe serrée de l'organisation par les proces-

---

1. Nombre d'entreprises du modèle 3, patrimonial, sont aussi poussées à adopter le modèle 2.

sus réduit fortement la surface des baronnies. Placés sur un siège éjectable, sous la pression des marchés, sans réel pouvoir, nombre de cadres dirigeants souffrent, en silence. Ils sont pourtant censés jouer le rôle de locomotive entraînante.

L'étude DDI auprès d'entreprises internationales, mentionnée en introduction, confirme ces constats. Quelle est la principale qualité demandée à un manager dans ces entreprises ? « Être adaptable et flexible ! »

Les recommandations du *Fil de l'épée* sur le leadership paraissent bien anachroniques : « Face à l'événement, c'est à soi-même que recourt l'homme de caractère. Son mouvement est d'imposer à l'action sa marque, de la prendre à son compte, d'en faire son affaire. Loin de s'abriter sous la hiérarchie, de se cacher dans les textes, de se couvrir de comptes rendus, le voilà qui se dresse, se campe et fait front. »[1]

La même étude DDI souligne le faible niveau de confiance dans le management. Comment s'en étonner ? Avec un levier efficace sur trois, ce modèle international ne peut éviter les effets négatifs des 5 lois sur la confiance. Tel est le prix à payer quand l'obsession l'emporte. Sur les standards de la culture apprenante, des progrès importants son encore nécessaires.

Modèle 3 : les entreprises patrimoniales

Dans ces structures, l'acte fondateur garde son impact, malgré les années et en dépit des inéluctables changements stratégiques que l'entreprise a subi. La culture d'entreprise constitue un lien d'intégration très fort, même si la part de la famille fondatrice dans le capital est très réduite.

Si des technostructures se sont développées pour assurer la cohérence du groupe, le rôle des procédures et des règles reste limité.

---

1. Charles de Gaulle, *op. cit.,* p. 62.

La hiérarchie, dépositaire de la légitimité du fondateur, dispose de marges de manœuvre réelles. Dans ce type d'organisation, on fait davantage confiance à l'homme qu'à une bureaucratie impersonnelle pour avancer.

La hiérarchie et la culture fondatrice sont les supports de la confiance et de l'intégration, les procédures jouant un rôle secondaire. Le modèle patrimonial contient une dose d'hystérie indéniable, qui donne un poids fort au relationnel et à l'informel. Ceci constitue une différence significative avec les deux autres modèles, secteur public et entreprises anglo-saxonnes, où l'obsession reste prévalente.

De nombreuses études montrent que les entreprises familiales affichent de meilleures performances que les autres entreprises.[1]

Newsweek dresse ainsi la liste des gagnants au baromètre de l'évolution de l'action sur 1993-2003. Dans les 10 premiers européens apparaissent, parmi les plus connues, les entreprises suivantes, dans lesquelles le capital familial joue un rôle important et stabilisateur : Sanofi-Synthélabo et L'Oréal (Mme Bettencourt), Adecco (actionnaire Klaus Jacob), TFI (Bouygues), BMW (Quandt), LVMH (B. Arnault), PPR (F. Pinault). À cette liste, il faut ajouter d'autres entreprises cotés au CAC 40 à fort capital, ou ancrage, familial : Carrefour, Danone, Michelin ou Peugeot. Peugeot a su d'ailleurs, avec justesse, gérer l'intégration des cultures Peugeot et Citroën par une organisation préservant l'identité de chacune, tout en exploitant les synergies industrielles.

Quels seraient les atouts des entreprises familiales ? Éviter l'emprise des modes, assurer une culture éthique et un leadership fort sur le long terme.

Il faut évidemment prendre en compte le cycle de développement d'une culture. Des entreprises comme Renault ont été marquées

---

1. *Newsweek,* April 12, 2004, « Europe's best companies, do family firms hod the secret to success ? ».

successivement par les trois modèles : patrimonial, secteur public et anglo-saxon. Lequel domine à présent ? Une synthèse s'est-elle opérée ?

Hiérarchie	Culture	Processus
	② Modèle anglo-saxon	
③ Modèle patrimonial latin		
	① Modèle secteur public	

Trois leviers d'intégration et trois modèles

Les analyses semblent donner un avantage au modèle « patrimonial » par rapport aux modèles anglo-saxons et de services publics. Le modèle patrimonial donne et préserve une force d'intégration à la culture, facteur très favorable au développement d'une culture apprenante.

Évidemment, il ne faut pas sous-estimer les points de faiblesse du modèle patrimonial. Nous y trouvons, au revers de la médaille, la dérive, toujours possible, que les deux premiers modèles (secteur public et anglo-saxon) essaient de contenir : à qui profite les marges de manœuvre laissées par l'absence de procédures ? Si le patron est un autocrate narcissique et mégalomane, le pire est à craindre pour la santé financière et mentale de l'entreprise, faute de garde-fous suffisants !

Il nous faut approfondir le modèle patrimonial pour en extraire les meilleures pratiques et voir comment nous pouvons le développer.

2. Pernod-Ricard, un modèle patrimonial

Nous avons vu que la principale difficulté que rencontrent les entreprises pour se doter d'une culture performante est la gestion de l'opposition hystérie-obsession et la tendance de la dimension obsessionnelle à prendre le dessus de façon unilatérale.

L'entreprise Pernod-Ricard, au capital familial, va nous permettre de dégager des recommandations utiles.

> Au cœur des valeurs de cette entreprise, nous trouvons la convivialité. Bien sûr, il faut que l'entreprise sorte un bon niveau de cash-flow et c'est le cas. La convivialité, source de profit !
>
> Quand l'entreprise a racheté Seagram, la nouvelle s'est répandue, accompagnée de fêtes, dans toute l'entreprise, instantanément. L'imaginaire du produit véhicule sans doute plus l'idée de convivialité et d'échange que d'autres produits plus abstraits.
>
> Pernod-Ricard donne raison à Peyrefitte[1] et à Williamson[2], la confiance est bien le mode de relation le moins coûteux.
>
> Enfin, il s'agit d'une entreprise où règne la gaîté, où on ne se prend pas au sérieux et où l'on s'amuse tout en travaillant.
>
> Relisez la presse, de quoi parle-t-on ? De la déprime des cadres, du mécontentement des salariés, des grèves et des manifestations. Bref de la rupture entre les états-majors et les personnels. Tout est gris. Quel contraste ! Comment obtient-on ce résultat ? Nous pouvons parier que nous allons trouver chez Pernod-Ricard les ingrédients d'une culture alternative équilibrée combinant une dose d'hystérie et une dose d'obsession.
>
> Sur le versant hystérique, on remarque : un siège réduit, une croissance externe, pas de plan stratégique rigide, le respect de chaque culture de marque ou de pays, la décentralisation, l'organisation en centres de profit, la transparence, peu de formalisme. Un jeune manager peut devenir responsable d'une filiale en quatre ou cinq ans.

---

1. *Le mal français, op. cit.*
2. *Market and Hierarchies,* The Free Press, 1975.

Dirigeants/Salariés

Du côté de l'obsession, les caractéristiques suivantes s'imposent : 12 marques font 60 % du chiffre d'affaires, des filiales contrôlées à 100 %, un corpus de doctrines simple mais qui s'impose à tout le monde, quelques fonctions centralisées (stratégie, trésorerie, intranet, gestion des cadres supérieurs), des bonus liés aux contributions au groupe.

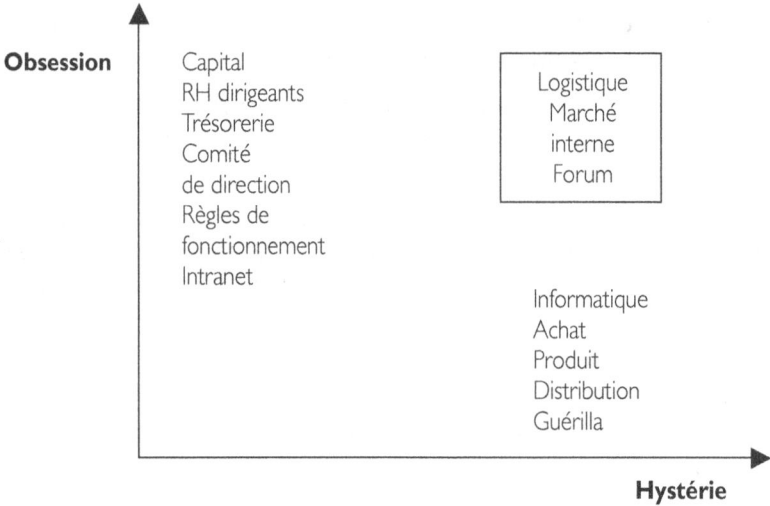

Obsession

Capital
RH dirigeants
Trésorerie
Comité
de direction
Règles de
fonctionnement
Intranet

Logistique
Marché
interne
Forum

Informatique
Achat
Produit
Distribution
Guérilla

Hystérie

Le modèle Pernod-Ricard

La nature hybride de la culture évite à l'entreprise de tomber dans les excès du formel ou de l'informel. Par exemple, la stratégie est claire, stable sur le long terme et communiquée, mais, sa mise en œuvre passe par une « stratégie de guérilla », menée par chaque filiale sur son marché.

La stratégie est autant guidée par le sommet qu'impulsée par le terrain, qui aspire à de nouvelles responsabilités au fur et à mesure de la montée en puissance des compétences. De même, si des restructurations sont à envisager, elles sont toujours tempérées par un accompagnement social adéquat.

La confiance occupe une place centrale : la décentralisation va de paire avec la transparence et la responsabilité partagée du devoir d'information.

Les bons leviers d'intégration

Le cloisonnement est évité et l'échange interne est favorisé par le développement d'un marché interne entre les « marques » et les réseaux de distribution.

Pernod-Ricard organise, chaque année, une sorte de « salon ou foire marchande », aux Embiez, où se retrouvent les principaux dirigeants de toutes les filiales pour faire connaître leurs productions et développer les débouchés pour les uns, rechercher des produits pour saturer leur outil de distribution et améliorer leur positionnement local, pour les autres. Chacun est, tour à tour, en position de client et peut mettre en concurrence ses fournisseurs internes. Ce marché interne, qui favorise l'émulation, est évidemment fédérateur.

Les remarques de Freud sur les rites du Totem s'appliquent ici :
« Le sacrifice-fête était une occasion de s'élever joyeusement au-dessus des intérêts égoïstes de chacun, de faire ressortir les liens qui rattachaient chaque membre de la communauté à la divinité. »[1]

L'important est ce que ces rites sympathiques signifient. Ils signifient trois choses essentielles.

D'abord, il y a, pour chacun des membres du groupe, quelque chose qui le dépasse : l'équipe.

Ensuite, chacun n'est pas qu'une « force de travail », il est accueilli comme une personne humaine. Les gens sont heureux de se retrouver.

Enfin, le travail n'est pas tout, le gaspillage festif fait partie de la vie (simplement, il est cadré par le rituel).

Le groupe compte plus pour chacun, quel que soit son poste, que la défense d'intérêts catégoriels restreints. Ainsi, l'intérêt général se fraye un chemin et s'impose finalement.

Tout est affaire d'homme, c'est la capacité d'engagement qui compte : valeur reconnue par tous, y compris par les syndicats. Le « pot » du vendredi, dans certaines organisations, est donc un outil bien plus efficace que tous les systèmes de motivation que peuvent inventer les experts en ressources humaines, pour assurer une bonne dynamique dans les équipes !

---

1. S. Freud, *Totem et Tabou*, Petite Bibliothèque Payot, p. 189.

La culture favorise la prise de parole car « rien n'est haïssable. Tout idée peut être retenue à partir du moment où la personne est convaincue et agit dans ce cadre ». Cerise sur le gâteau, un principe garantit le bon fonctionnement de l'ensemble : « Pas de tabou, on peut tout se dire. » Effectivement, tout est dit !

Les caractéristiques principales du patron dans ces conditions ? On les devine : « Bon sens et accessibilité ». Ainsi le président, par ces exemples, nous décrit et fait vivre les valeurs essentielles de la culture d'entreprise.

Cette doctrine qui vise l'effort sur le long terme est particulièrement adaptée à un métier où une marque se fait une place au soleil pendant une génération et décline très lentement.

Dans cette organisation, le changement n'est pas un processus à part : l'entreprise est en évolution permanente, poussée par la vie des marques, par les nouvelles générations ou par l'introduction des nouvelles techniques.

Ajoutons un point, Pernod-Ricard, entreprise familiale, est préservée de la dictature des agences de notations : ceci lui permet peut-être d'échapper aux dérives obsessionnelles, plus facilement que d'autres entreprises cotées, mais aussi aux excès de l'impétuosité hystérique toujours séduite par les modes. Ainsi, le management a résisté à l'appel du e.business, au risque, à l'époque, de passer pour ringard. La suite lui a donné raison.

J'entends déjà les objections : cette description est sympathique, mais l'auteur est un doux rêveur. Ce type de réaction trahit, permettez-moi d'insister, le mécanisme de défense d'un obsessionnel. N'est-ce pas ?

3. Vers l'organisation apprenante

Revenons au désir mimétique. Comment éviter que les salariés ne réduisent leur engagement à du donnant-donnant, instrumentalisant leur relation à l'entreprise ?

Comment éviter la mise en place de mécanismes de défense et de filtres, avec d'un côté « je fais semblant de m'impliquer totalement » et de l'autre « je fais semblant que l'entreprise est à tout le monde », tout en cherchant, en vain, à dissimuler la dissimulation, le mensonge principal.

La seule issue est de faire en sorte que l'« objet du désir de l'autre » soit suffisamment grand pour être commun. Patrons et syndicalistes seront sans doute également sceptiques. Mais il ne s'agit pas de collectiviser le capital ! Il s'agit de remédier au « manque » de l'entreprise. Lequel est-il ? L'absence d'écoute ? Partiellement, mais ce n'est pas la question de fond.

L'écoute est forcément une écoute réciproque, une relation qui permet de créer en commun. L'écoute, ce n'est pas écouter la plainte, peine perdue, c'est mettre en place un processus de partage. Donc, le problème n'est pas exactement l'absence d'écoute mais la non-reconnaissance de l'identité.

Il faut que les différentes forces vives de l'entreprise se reconnaissent mutuellement comme partenaires. Pour cela il faut dégeler le haut et le bas de l'iceberg. Mais pour être en mesure de dégeler la partie de l'iceberg de l'autre, il faut soi-même être sorti de la sienne. Vaste programme !

Bien plus que les procédures et les structures, c'est la culture qui assure la cohérence et la dynamique de l'ensemble. La clé de cette culture consiste en un échange vertueux entre le groupe et l'individu dont les termes sont a peu près les suivants :

> Pour nous, groupe, l'important c'est la personne : nous te mettons, individu, au-dessus de ton poste. Et toi, en retour, tu fais passer l'intérêt général avant le tien. Retenons ce principe pour avancer sur la culture apprenante.

Il est intéressant de noter que la culture Pernod-Ricard contient la plupart des ingrédients du modèle d'apprentissage, qu'Argyris[1] a développé afin de proposer une voie de sortie du modèle dominant d'interaction dans les entreprises, perclus de mécanismes de défense.

---

1. Chris Argyris, *Overcoming Organizational Defenses, op. cit.*

Ce modèle d'apprentissage met l'accent sur les valeurs de transparence, d'ouverture, d'affirmation positive de ses convictions et la formulation des non-dits, pour soi et pour les autres. Le fait que ce modèle d'Argyris, développé essentiellement en milieu américain, se rapproche du modèle Pernod-Ricard, confirme l'universalité de certains principes. Et ceci plaide contre bien des approches de management « multiculturel » qui accentuent artificiellement le fossé entre cultures nationales, au lieu d'en dégager les points communs.

La culture Pernod-Ricard échappe aux modes dominants de la culture obsessionnelle car elle officialise la dimension informelle et hystérique de l'organisation (les cultures locales, le fonctionnement en réseau, la remise en cause des pouvoirs établis) tout en lui donnant un cadre d'expression pour éviter les dérives éventuelles. Le rituel « festif » des Embiez en est une bonne illustration.

La clé de la culture apprenante est bien de disposer d'un antidote limitant les effets des mécanismes de défense. Pas de façon théorique et rhétorique, mais en pratique et de façon répétée, par le mode de fonctionnement du fondateur et de ses successeurs.

Les meilleures pratiques sont à trouver, à notre avis, dans une culture centrée sur le produit (boisson, voiture, avion...) et marquée par l'absence de tabou. Le primat du produit, fabriqué et vendu, assure la convergence des désirs et l'absence de tabou évite le cloisonnement.

Résumé

Trois modèles d'organisation se distinguent par leur combinaison des trois leviers d'intégration (la culture, les processus et la hiérarchie). Il s'agit du modèle secteur public, du modèle anglo-saxon et du modèle patrimonial. Ce dernier offre le meilleur support pour une culture apprenante, car il est le seul à assurer une liaison entre individus autour du produit en permettant de préserver à la fois les identités individuelles et locales et l'intérêt général. Il réunit au mieux les conditions propices à la confiance, donc à la réduction des mécanismes de défense et donc à l'enrayement des cinq lois.

Nous avons bien la confirmation que ce qui est clé dans le comportement de chacun, ce n'est pas la hiérarchie, ni les procédures, mais la culture. Encore faut-il que cette culture, dès sa naissance, assure des ponts entre les deux enfants terribles que sont l'hystérie et l'obsession. Comment ? En édictant clairement les droits et les devoirs de chacun. Ainsi, elle est en phase avec le mode d'organisation et de management choisi. La culture n'est pas un panier d'attitudes « valorisées », comme l'esprit d'équipe ou le service client. La culture est un mode de gouvernance des désirs. Plus ce mode de régulation fonctionne *a priori*, et moins les mécanismes de défense se développent *a posteriori*.

Reste à regarder comment dupliquer ce modèle.

CHAPITRE 13

L'architecture de la culture apprenante

L'analyse des trois modèles, secteur public, anglo-saxon, patrimonial, et l'approfondissement de ce dernier, nous permet à présent de dégager des conclusions pour l'action. La culture apprenante repose sur quatre piliers fondamentaux : une culture forte et partagée, la continuité dans le management et de la stratégie, la décentralisation et l'ajustement continu entre hystérie et obsession dans l'organisation. Explorons ces quatre piliers.

1. Une culture forte et partagée

Pour que la confiance s'installe, il faut de la prévisibilité. Seul un environnement interne relativement stable dans le temps pourra offrir de bonnes conditions.

Lorsque nous parlons de culture forte et relativement homogène, nous ne voulons pas dire que l'entreprise doit avoir une culture complètement standard. Prenons le cas de la SNCF. Les cheminots partagent des valeurs de sécurité, de fiabilité et d'excellence technique. L'entreprise abrite simultanément en son sein des cultures spécifiques par métier, dont certaines sont très revendicatrices, typiquement hystériques, autour de tribus de base.

L'intérêt d'une culture forte est qu'elle fonctionne comme un certificat de légitimité. Ces cultures fortes sont généralement basées sur la promotion interne. C'est le cas de Pernod-Ricard ou de Saint-Gobain.

Quand on voit le mal et l'investissement que consentent des entreprises à se créer des corpus de valeurs communes, au besoin au travers d'universités d'entreprises, on se dit que les entreprises munies d'une culture forte ne connaissent pas leur bonheur. Les entreprises qui cherchent à faire partager une culture à grand renfort de dépliants et de slogans atteignent rarement l'objectif recherché. Une condition sine qua non est souvent piétinée : la mise en concordance des pratiques des dirigeants avec des valeurs qui perdent d'autant plus leur crédibilité qu'elles apparaissent comme un exercice formel.

Comme nous avons pu le remarquer, les valeurs du service public constituent un précieux ciment (égalité, technique, rigueur, conscience professionnelle, rejet du carriérisme…), même si l'écart entre les valeurs affichées et les valeurs réellement pratiquées éclate parfois au grand jour. Comment surmonter la rupture latente entre l'entreprise et ses salariés, sinon en créant des ponts et des médiations ? La culture forte fait en sorte que le lien entre le collaborateur et l'entreprise ne se limite pas au « donnant-donnant » de la feuille de paie.

On imagine aisément que les entreprises familiales bénéficient là d'un avantage certain.

À noter toutefois que la culture forte présente aussi un revers de médaille : la rigidité bien sûr. On sombre là dans la dérive obsessionnelle de la rente de situation et du rejet de l'innovation, ce qu'ont connu IBM et General Motors, chacune en leur temps, cas qui font les délices des cours de management dans les écoles de commerce. Nous avons abordé cette difficulté avec l'exploration de la stratégie du rentier.

2. Une équipe dirigeante et une stratégie stable dans le temps

La continuité dans le management est le second atout. Les présidents Gallois pour la SNCF, Ricard pour Pernod-Ricard et Beffa pour Saint-Gobain en sont des exemples insignes. Là encore les entreprises familiales bénéficient d'un avantage certain. *A contrario*, cause ou conséquence, les entreprises qui changent souvent de dirigeants sont souvent à la peine.

En matière de stratégie stable, les cas de Saint-Gobain ou de Pernod-Ricard nous servent d'illustration.

Le cas Saint-Gobain : les fondamentaux de la confiance

L'entreprise a 340 ans.

Sa stratégie est stable et elle s'est positionnée pour être quasiment inexpugnable grâce à la diversité et à la solidité de ses métiers. L'entreprise n'a connu que deux grands mouvements de stratégie en 20 ans, alors que 50 % du portefeuille d'activités a été vendu ou acquis.

Le président est en place depuis près de 20 ans et la plupart des dirigeants ont une longue expérience accumulée principalement au sein de l'entreprise. L'ensemble du management bénéficie de cette légitimité présidentielle, renforcée par un suivi constant et attentif au moindre détail que permet la longévité.

3. La décentralisation et la reconnaissance des identités

La décentralisation

Si la culture est un levier d'intégration efficace permettant de restaurer la confiance entre le sommet et la base, l'esprit moutonnier guette toujours. Il faut alors favoriser la libre expression pour éviter le ronronnement de la rationalisation.

Les plans de participation, la distribution d'actions ou de stock-options sont autant de dispositifs qui permettent à chacun de bénéficier de son engagement dans l'effort collectif. Un modèle stimulant se généralise dans les entreprises les plus performantes : hauts potentiels, petites unités et décentralisation.

En décentralisant et en organisant l'action auprès de petites unités, la direction générale donne les marges de manœuvre attendues par les tribus opérationnelles locales. En mettant en place un système de hauts potentiels, elle permet d'arrimer le cadre intermédiaire local aux équipes dirigeantes en laissant envisager une cooptation future éventuelle.

Ce modèle est en place chez L'Oréal :

> « Certes, on entre dans une grande société, mais on y travaille au sein de petites structures qui permettent d'y entretenir un esprit d'entrepreneur… Concernant les jeunes, on réfléchit seulement à leur prochaine affectation, mais après sept ou huit ans, on réfléchit déjà « à deux coups » au poste qui suivra la présente promotion. »[1]

Pernod-Ricard, Saint-Gobain, ou La Mondiale ont trouvé dans une politique de décentralisation le moyen d'allier la dynamique des « tribus locales » avec les objectifs de cohérence du groupe. Les marges de manœuvre dont disposent les unités opérationnelles permettent à la fois d'assurer la meilleure réactivité aux impératifs clients et de créer un lieu d'expression aux identités locales.

La reconnaissance des identités

Le secteur public nous donne régulièrement des exemples pour illustrer ce propos. L'Éducation nationale étant un ministère, c'est un ministre, membre d'un gouvernement élu pour une certaine

---

1. François Vachey, VP-RH L'Oréal, in « Cultiver le leadership dans les grands groupes » de Derek Perrotte, *Les Échos,* 1er décembre 2003.

politique qui s'en occupe. Évidemment. Le débat revient très vite à « les grévistes sont contre l'action du gouvernement » et « ils bénéficient de l'appui des forces de gauche ». La médiatisation et la politisation des enjeux rend le conflit moins maîtrisable.

En 2003, avez-vous remarqué quand le climat a commencé à se détendre ? Certes, il y a eu de nombreuses initiatives et phénomènes concourants : il serait erroné de n'en retenir qu'une. Tout de même, quand Nicolas Sarkozy, venu en renfort à la demande du Premier ministre, s'est adressé aux professeurs, il a d'abord affirmé qu'être prof était un beau et difficile métier, qu'il les écoutait et comprenait leur malaise, tout à fait légitime, aux origines profondes. Il a enfin affirmé que l'on ne pouvait avancer que par le dialogue. Certains pourrons dire que « ça ne mange pas de pain », que c'est une démarche classiquement démagogique, que la flatterie ne marche qu'un temps, etc.

Ce qu'il faut souligner, c'est que le ministre ne s'est pas placé sur le plan des décisions politiques : il a parlé comme un patron à son personnel. Tout groupe humain se forge une **identité.** Toute identité demande à être reconnue. Pour la reconnaître, il faut lui parler. Reconnaître l'identité et la légitimité de l'expression d'un groupe humain, ce n'est pas du prêchi-prêcha post-soixante-huitard ! Nous reviendrons plus loin sur cette notion d'identité, elle est essentielle à la formation de relations de confiance. N. Sarkozy a été au moins pour un temps écouté, parce qu'il a été à l'écoute.

4. L'ajustement continu entre hystérie et obsession

Bien sûr, l'idéal, c'est quand tout le monde est mû par l'intérêt général. Et il est bon de l'afficher. Mais nous avons vu qu'il n'est pas simple d'atteindre cet objectif et de maintenir le cap.

On demande au manager de s'engager sur des objectifs. On pourra toujours mettre « une contribution aux résultats du groupe » dans ses objectifs, il n'en restera pas moins que le manager aura intérêt à se concentrer sur son propre horizon. La loi n° 2, « chacun voit midi à sa porte » se met en place. Des baronnies prolifèrent et il n'est pas rare qu'elles gangrènent tout, à commencer par le sommet stratégique de l'entreprise.

Comment empêcher que le Narcisse de chacun et, au niveau collectif, les tribus en mal d'identité, ne jouent contre l'intérêt général ?

Un début de réponse s'obtient, comme dans le cas Pernod-Ricard, en accordant une place centrale aux relations inter-humaines, à la convivialité dans l'entreprise. Or chacun attend, sans le dire, de sa relation à l'autre d'être valorisé, conforté. Il faut bien mettre nos Narcisses au placard, si nous voulons développer des tissus relationnels attrayants, échantillons de l'intérêt général. Chacun, à cette petite échelle, accepte alors de reconnaître l'intérêt supérieur de son équipe d'appartenance[1] et plus largement du groupe.

Mais dans une grande organisation, cela n'est parfois pas suffisant.

Plus généralement, les mécanismes de défense ont vite fait de s'installer et de rigidifier les relations interpersonnelles. Les acteurs baignent dans une atmosphère de conventions, de préjugés et de prés carrés sans s'en rendre compte, tant les filtres culturels ont réussi à s'intégrer naturellement dans le paysage organisationnel. Tout le monde est myope et personne ne le remarque.

La créativité a donc besoin d'un coup de main. Échanges, rapports d'étonnement, débats contradictoires, sondages, forums, ouverture aux autres, invitation de tiers dans les réunions, jeux, présentations réciproques d'expériences, projets transversaux, mobilité, entretiens, brainstorming, université d'entreprise : ce ne sont pas les outils, ni les occasion qui manquent pour créer des petites ruptures dans le ronron des mécanismes de défense.

---

1. Comme l'indique Lucien Israël : « La mort de Narcisse, de son mythe et des fantasmes inconscients où il est pris, est la condition d'une relation. » *L'hystérique, le sexe et le médecin, op. cit.*

Le moteur s'alimente tout seul : il a son propre carburant. Il faut parfois donner un coup de manivelle pour desserrer des jeux de pouvoirs grippés. Ou plutôt deux coups : l'un pour expliquer au management que le formel ne commande pas à l'informel, l'autre pour expliquer aux cadres et aux salariés que l'exigence de transparence constitue un pré-requis irréaliste. La confiance se déploie d'autant mieux que la tolérance à l'ambiguïté est élevée.

Le développement de la culture apprenante passe par l'injection équilibrée de composant hystérique ou obsessionnel, selon les priorités et les exigences de l'environnement.

Puisque seuls les hommes peuvent injecter de la culture, cela passe par la nomination des dirigeants, le recrutement et la conduite de partenariats ou de fusions pour rééquilibrer la culture dans un sens ou dans un autre.

Cela passe aussi par la mise en place de lieux d'échange à l'intérieur de l'entreprise et de passerelles sur l'extérieur, ce afin de favoriser la multi-rationalité : les projets transversaux, le partage de benchmark sont un autre outil. Il n'est pas étonnant que les entreprises du secteur automobile, notamment Renault, où l'amélioration des méthodes joue un rôle clé dans un contexte de très forte compétition, soient en avance dans la mise en place de telles démarches.

Les universités d'entreprise, comme celle de Thalès, ou de la Snecma, constituent une excellente plate-forme de déploiement et de ressourcement pour la culture d'apprentissage, et la promotion des capacités de coopération.

La Mondiale, mutuelle dont le métier de base est centré sur l'assurance-vie, présente un cas intéressant de mise en place d'une culture apprenante.

> La Mondiale faisait alors face à une situation concurrentielle difficile et à la nécessité de faire évoluer ses métiers (généralistes ou spécialisés) et son activité vers de nouveaux segments de clientèle à plus fort potentiel d'investissement (TPE, indépendants, professions libérales). Elle pouvait

choisir la voie d'une restructuration rapide avec son inéluctable coût social, ce que certains consultants lui conseillaient.

Au lieu de cela, la direction a choisi la voie de la culture apprenante, sans doute plus lente, plus progressive, mais permettant à terme de capitaliser sur les forces vives de l'entreprise, de développer les compétences et de renforcer la cohésion.

Deux populations étaient concernées, les commerciaux et les administratifs gérant les dossiers clients. Les relations entre ces deux groupes distincts n'étaient pas marquées par la confiance mutuelle et l'efficacité globale en souffrait. Les règles de fonctionnement anciennes tenaient d'ailleurs à ce que les deux entités n'aient que très peu de contacts entre elles.

L'idée était de mettre sur pied une plate-forme téléphonique de suivi client et de prise de rendez-vous pour les commerciaux en y transférant une partie des administratifs. Compte tenu de l'état des relations, il était aisé d'imaginer que les commerciaux n'accepteraient que très difficilement de dépendre des « ex-gestionnaires » s'occupant à présent d'appui commercial ! Le moindre raté en phase de démarrage aurait pu tout remettre en cause.

LES LEVIERS DE LA CULTURE D'APPRENTISSAGE

– promouvoir la multi-rationalité et la diversité grâce aux développements de groupes de travail transversaux ;
– sensibiliser les sous-groupes qui composent l'entreprise au fonctionnement des cultures des autres sous-groupes : former les « tribus » opérationnelles aux contraintes des directions et celles-ci aux contraintes des opérationnels ;
– écouter les observations qui remontent des tribus locales et reconnaître les idendités ;
– mettre en place des ateliers de réflexion et de travail qui dépassent les limites de l'entreprise ;
– tester de nouvelles idées, faire une place à des profils atypiques ;
– favoriser l'apprentissage, *in situ*, centré sur des équipes de travail.

Le plan comprenait deux volets. D'une part, l'évaluation des personnels sur la base d'un référentiel de compétences, pour élaborer et réaliser une formation adaptée à des personnels concernés aux nouveaux outils et produits.

D'autre part, le développement de la coopération entre les deux catégories exigeait un travail précis de préparation. Les administratifs ont été envoyés en apprentissage sur le terrain en visite de clientèle, avec les commerciaux et les commerciaux ont réalisé des stages chez les gestionnaires. Le niveau de confiance des commerciaux dans la qualité des rendez-vous pris par les ex-administratifs s'est rapidement élevé. Ces échanges ont permis d'enclencher un indispensable processus de maturation des mentalités[1].

Le projet fut donc une réussite et l'entreprise ne peut que s'en féliciter.

---

1. Entretien avec M. André Cahagne, directeur général activités assurances, La Mondiale.

Résumé

La culture apprenante nécessite quatre piliers pour prospérer : une culture forte et partagée, la continuité dans le management et la stratégie, la mise au point d'une maille ajustée de décentralisation et l'activation de réseaux d'échange croisés. Ainsi les mécanismes de défense et les stratégies d'acteur centrifuges sont réduites au profit de l'intérêt général.

CHAPITRE 14

Par où commencer ?

« J'ai dans l'âme une fleur que nul ne peut cueillir.»

Victor Hugo

Dans la pratique, l'organisation ressemble peu à une page blanche et, même dans le cas d'une création d'entreprise, on démarre rarement de zéro. Dans la plupart des cas, nous avons affaire à une organisation déjà structurée, avec son histoire et ses ruptures, ses conflits ouverts et ses secrets, ses errements et ses valeurs. Comment faut-il s'y prendre dans ce cas ? Voici la ligne de conduite que nous vous proposons.

1. Se positionner sur l'échelle Hystérie/ Obsession

C'est d'abord un travail sur les mentalités qu'il faut enclencher, en faisant un point sur la situation de l'entreprise. Voici un questionnaire qui permettra au lecteur de faire un auto-diagnostic et de se positionner sur une échelle obsession-hystérie.

L'outil permet d'identifier aisément les situations à risque. L'excès d'hystérie est possible mais plus rare que l'excès d'obsession. Une partie de la solution est toute tracée : il suffit d'augmenter la dose de l'ingrédient minoritaire. Il y a donc fort à parier dans tous les cas qu'un supplément d'hystérie s'impose. L'hystérie indique à l'obsessionnel les deux voies vers lesquelles avancer : le désir et la transparence. Il arrive que les deux tendances se développent l'une contre l'autre, comme pour se neutraliser mutuellement. Coupée en deux, l'entreprise souffre alors d'une sorte de schizophrénie. C'est sur ces situations à risque que nous invitons nos lecteurs à porter leur attention.

Le questionnaire Machine – Passion

Le questionnaire comprend deux volets

* *Le volet Machine recouvre les orientations*
  – Intégration (organisation)
  – Rentier (stratégie des acteurs)
  – Obsession (structure psychique)

* *Le volet Passion recouvre les orientations*
  – Différenciation (organisation)
  – Opportuniste (stratégie des acteurs)
  – Hystérie (structure psychique)

Comment répondre au questionnaire ?

* *Chaque affirmation décrit un symptôme révélateur d'une des deux dispositions « machine » ou « passion ».*
* *Répondez à chaque affirmation par « plutôt oui » ou « plutôt non », selon que le symptôme décrit s'applique ou non à votre organisation.*

Chacune des dominantes, Machine et Passion offre un éventail d'avantages et d'inconvénients :

* *Machine :*
  – avantages : privilégie l'atteinte de la performance à court terme, contrôle des coûts et cohérence,

– inconvénients : difficultés à changer, à se mettre en cause, à développer de nouvelles stratégies, à attaquer de nouveaux marchés.

• *Passion :*
    – avantages : le « mou » dans les structures favorise l'innovation et les capacités d'adaptation,
    – inconvénients : risques d'implosion, gaspillages de ressources par déficit de synergies, érosion de la marge.

N°	Dimension Machine	Plutôt Oui	Plutôt Non
1	Centralisation des fonctions supports (RH, finances). Poids élevé de ces fonctions		
2	Maîtrise des coûts, économie d'échelle, fiabilité des processus		
3	Contrôle des décisions. Importance de la hiérarchie		
4	Conformité aux règles. Nombreuses procédures. Importance des chiffres		
5	Pas de prise de risque, pas de vagues		
6	Culture homogène, marginalisation des profils atypiques		
7	Pouvoir dans les mains de quelques personnes ou quelques fonctions		
8	Stratégie stable mais peu flexible		
9	Confidentialité des prises de décision. Distance du sommet		
10	Peu d'ouverture à l'extérieur. Affichage d'un comportement sûr de soi		
	Total		

N°	Dimension Passion	Plutôt Oui	Plutôt Non
1	Stratégie dynamique mais changeante en fonction des opportunités		
2	Pas de structure stable et claire. Communication privilégiée par voie orale		
3	Forte affirmation de l'identité culturelle des unités locales		
4	Difficulté des organes de pilotage à faire remonter et centraliser les informations		
5	Redondances et insuffisantes synergies entre unités opérationnelles et fonctions support		
6	Multiplication des réunions pour assurer la coordination des actions		
7	Incapacité à mettre en place les procédures et politiques transversales		
8	Grandes dépenses d'énergie. Multiplicité de projets. Sentiment d'une certaine confusion		
9	Leadership dynamique et charismatique		
10	Qualités d'innovation et créativité		
	Total		

Analyse des résultats

- **Moins de 5 oui sur les deux dimensions Passion
  et Machine, c'est la zone de « bonne santé »**

L'organisation est saine, toujours en recherche de performance. Les dysfonctionnements qui apparaissent sont généralement la traduction du temps incompressible d'adaptation avec ses essais et ses erreurs. Toute organisation, même la plus performante, celle qui gagne les prix de management, qui est citée en exemple dans les revues économiques, qui fait vitrine de ses « meilleures pratiques », toute organisation, donc, présente quelques-uns des symptômes cités ci-dessous. continuez, votre organisation fait certainement preuve d'une grande capacité d'adaptation.

- **Plus de 5 oui sur la dimension Passion, attention aux excès
  d'hystérie**

Avec un tel score, un nombre élevé de leviers présentent des signes « pathologiques » de Passion. Incapable de contenir les forces centrifuges qui l'agitent, votre organisation, est menacée d'implosion. Des baronnies incontrôlables prospèrent aux dépens du groupe. Des managers opportunistes sont sans doute aux commandes. Incapable de tirer partie des synergies, l'entreprises encourt des coûts de fonctionnement prohibitifs. L'effet combiné des leviers empêche le mouvement spontané de rééquilibrage. Il faut réagir vite !…

- **Plus de 5 oui sur la dimension Machine, attention
  aux excès d'obsession**

Trop rigide, votre organisation semble incapable de s'adapter aux pressions externes. Elle a tout de la bureaucratie dominée par la logique des rentiers internes aux dépens de l'écoute du client. Une amélioration locale de certains leviers ne suffira pas, car son positionnement stratégique soit en termes de produits, soit en termes de coûts est dépassé. Le salut passe par des changements radicaux.

- **Plus de 5 oui sur les deux dimensions Machine et Passion, attention l'entreprise est dans une zone de « grands risques »**

  L'entreprise est tirée dans deux directions opposées par des forces contradictoires. Elle présente toutes les caractéristiques de la schizophrénie. Une sorte de cercle vicieux s'installe : plus les parties prenantes périphériques revendiquent leur autonomie, plus le centre cherche à exercer un contrôle, en vain. L'entreprise s'épuise dans des luttes internes tandis que les marges continuent de s'éroder.

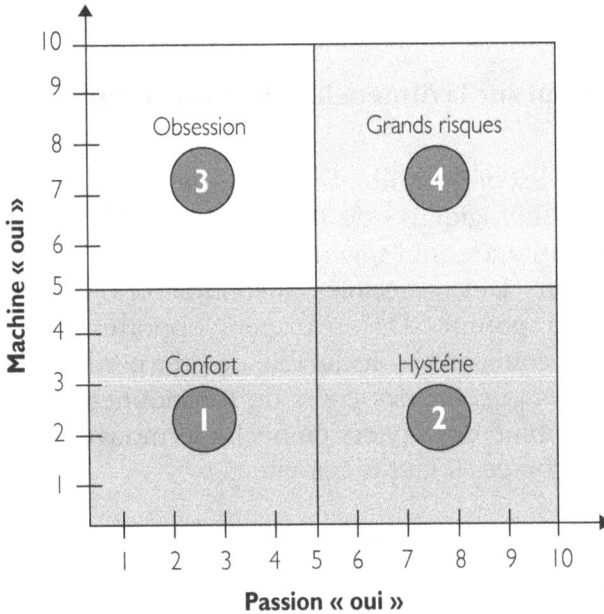

Tableau de présentation des résultats

2. Faire le diagnostic de crise

Le dirigeant doit savoir diagnostiquer la culture de son entreprise. Il doit surtout savoir si la culture et le système de pouvoir sont en phase avec les exigences de la situation. La culture d'une entreprise, à un moment donné, est le résultat du chemin pris et ce dernier délimite des futurs les plus probables. Rappelons les étapes que nous avons abordées lors du chapitre précédent sur la dynamique des cultures en précisant les crises qui les marquent, pour développer les moyens d'action.

Phase 1. Création

En principe les problèmes organisationnels sont secondaires. La tribu se met en route autour du fondateur. L'essentiel est de maintenir très clairement et très fortement les valeurs de l'entreprise autour, notamment, de la coopération, de la mutualisation, de l'entraide, de la simplicité des relations.

Phase 2. Différenciation

L'entreprise a franchi les premières difficultés. Elle commence à se diversifier géographiquement, par segment de clientèle ou par produit. Une première étape de management est également traversée, le fondateur passant les rênes à une seconde génération. Cette phase peut être marquée par une première crise de croissance, s'il y a rupture avec le fondateur. Il peut arriver que des leaders spontanés issus des tribus historiques remettent en cause la légitimité du successeur. En principe, les capacités d'intégration de la culture fondatrice restent suffisamment fortes.

Phase 3. Intégration

L'entreprise gagnant en taille, il est indispensable qu'elle se dote de capacités d'intégration, garantes de la cohérence d'ensemble, pour assurer un minimum de pilotage et exploiter les synergies. L'émergence de cette culture obsessionnelle peut réveiller les fondements hystériques des tribus d'origine. Ces escarmouches ne doivent pas, en principe, freiner la croissance de l'entreprise.

Phase 4. La crise de la phase de maturité

4

L'entreprise, maintenant de grande taille, connaît sa première crise de maturité. Les lignes de fracture se multiplient. Les cinq lois jouent à plein régime. Les tribus opérationnelles, chacune centrée sur son compte d'exploitation, sont en opposition entre elles. Elles sont aussi en opposition avec les technostructures obsessionnelles qui leur imposent des procédures et des contrôles contraignants alors qu'elles gonflent les frais généraux. La défiance entre dirigeants, technostructure comprise, et le personnel, cadres compris, s'installe. Les stratégies de rentiers ou opportunistes se multiplient sans que les explications suivent.

Phase 5. Refondation

5

La mise en place d'une nouvelle boucle d'apprentissage passe nécessairement par un ressourcement de la culture d'entreprise dans les valeurs fondatrices, donc un passage par l'hystérie. Un vrai projet d'entreprise, assurant la participation du plus grand nombre, s'impose.

3. Gérer la grande crise de la phase de maturité (phase 4)

Deux types de risques

Arrivée en phase de maturité, l'entreprise peut souffrir de trois maux : l'étouffement par la bureaucratie et la centralisation d'une part, l'implosion sous l'effet des pressions contradictoires des baronnies internes d'autre part, une combinaison des contraires, enfin.

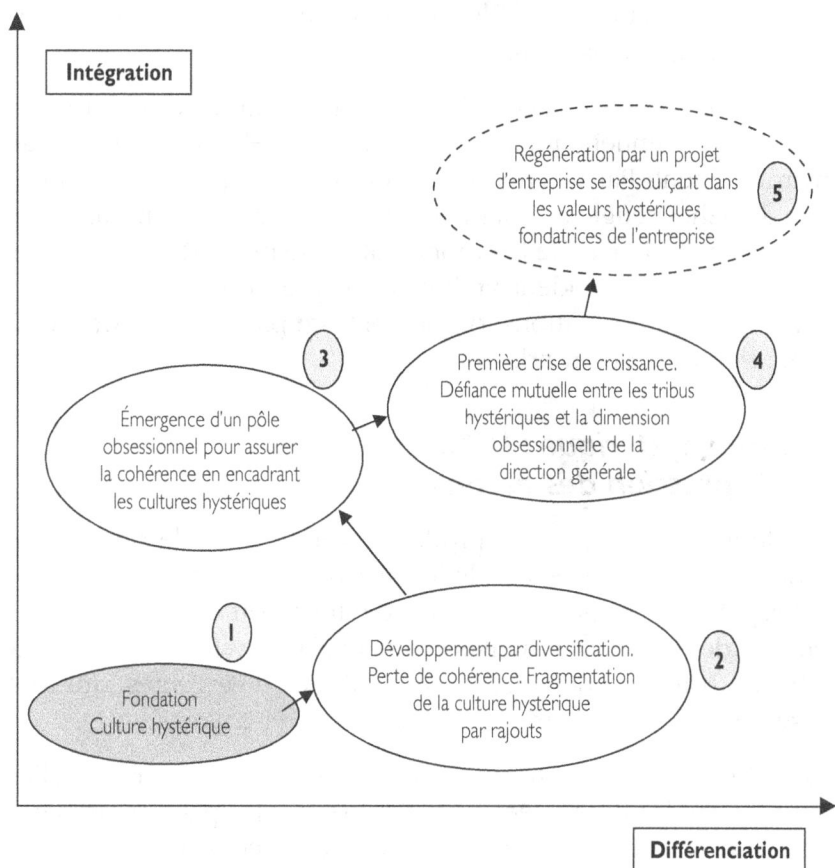

Dans tous les cas, le dirigeant perd en légitimité : il devra, dans le cadre de la politique retenue, quel que soit le cas de figure, introduire un peu d'hystérie pour se relégitimer comme fondateur de culture.

Le risque obsessionnel : l'ankylose bureaucratique

Au départ du fondateur, la technostructure en place, garante de l'ordre et des équilibres, peut prendre le pouvoir, donnant à la dimension formelle de l'organisation et à son biais obsessionnel toute son ampleur. Le souffle du fondateur se retrouve mal dans les rites des gardiens du temple.

L'entreprise souffre d'excès d'intégration. Centrée sur elle-même, au service de rentiers qui tiennent le pouvoir, elle se coupe de son environnement. Par un mécanisme de décalage progressif l'entreprise devient aveugle aux signaux de son marché. Les mécanismes de défense du déni et de la rationalisation se mettent en place sans que les gens s'en rendent vraiment compte : on ne remonte pas les mauvaises informations, on ne conteste pas les décisions, tout le monde fait le dos rond.

Le risque hystérique : la balkanisation sous la pression des barons

Une dérive inverse peut se produire avec la prise de pouvoir de barons opportunistes en conflit les uns avec les autres. L'entreprise souffre, dans ce cas, d'un déficit d'intégration face aux débordements des forces informelles et aux excès d'hystérie. Elle est aux mains de sous-groupes locaux, aux cultures divergentes, qui font passer leurs intérêts particuliers avant l'intérêt collectif.

Les technostructures intégratrices ne jouent pas leur rôle : elles sont trop faibles ou placées sous l'influence des patrons de branches ou de filiales. Celles-ci constituent des écrans entre la direction générale et le terrain, empêchant l'exploitation des synergies nécessaires au niveau de l'informatique, de la R&D et des achats notamment. Les jeux de pouvoir empêchent les initiatives de coopération et de mutualisation de porter leurs fruits.

À chaque mal son remède

Si le dirigeant identifie l'une des pathologies principales, il doit agir vite.

Dans le cas de l'étouffement bureaucratique, il doit instiller un peu d'hystérie dans l'organisation. Le répertoire de solutions est centré sur la décentralisation et la responsabilisation. La mise en place de

structures transversales est un bon moyen de développer la coopération en « court-circuitant » les structures hiérarchiques fonctionnant en silo. Mais surtout, pour ne pas se laisser prendre par
les rituels obsessionnels et redonner du sens à l'action, le dirigeant
doit mettre en scène son discours et son comportement. La communication et les actes symboliques jouent pleinement leur rôle
pour donner du sens et crédibiliser l'orientation retenue.

Dans le cas d'une implosion par les baronnies, le dirigeant doit
élever le niveau d'intégration et imposer le respect de règles du
jeu communes en mettant en place des outils tirés du répertoire
obsessionnel.

Dans le cas de la combinaison des contraires, il faut commencer
par élever le niveau d'intégration pour redonner de la légitimité et
de l'autorité à la direction générale. À partir de cette base, celle-ci
peut formaliser des avancées en matière de décentralisation.

Le remède à la crise de légitimité du management passe par l'introduction du maillon manquant. L'écoute, le retour d'information, la
mise à nu des tabous. C'est le même remède qui permet de sortir
le management de sa situation de déni, de protection derrière le
mythe du pouvoir.

Une dose d'hystérie

Cette crise de la maturité est à la fois grave et fréquente. Fréquente,
car la cristallisation de l'opposition entre culture obsessionnelle et
culture hystérique est inscrite dans le parcours même d'une organisation. Grave, car ce sont les fondements de la confiance qui sont
atteints.

Dans cette phase de maturité, tout projet de changement, quelles
que soient les bonnes intentions originelles, est plus ou moins
voué à l'échec. Pour une raison simple : il y a erreur de diagnostic.
L'entreprise est en bout de cycle et l'affirmation de valeurs nouvelles, les changements ponctuels d'homme, de structure, ou de système d'information n'y feront rien.

Si le dirigeant a pour but explicite de réduire les marges de manœuvre des baronnies pour renforcer les capacité d'intégration, alors, il peut avancer dans cette direction en s'assurant qu'il a accumulé suffisamment de munitions pour passer en force. Le départ de certains barons, dans ces conditions parfois tendues, est le prix à payer. Nous avons conduit plusieurs opérations de fusion-acquisition dans ce cadre. Dans plusieurs cas, l'acquéreur, voulant imposer ses hommes, sa structure et son mode de management, a poussé au départ les dirigeants de l'entreprise cible.

Mais souvent, le dirigeant n'est pas conscient de l'emprise de la culture obsessionnelle dans l'entreprise, ni du lien entre le développement d'une technostructure bureaucratique au sommet et l'affirmation d'une culture d'opposition aux niveaux des filiales et des sites locaux. Il lance alors un programme d'intégration (mise en place d'un outil informatique commun, développement de projets et de pratiques transversales, réduction horizontale des coûts, mise en commun de capacité, élimination des redondances) en s'étonnant de la résistance ou du peu d'échos positifs rencontrés.

La mise en place de fonctions de cohérence « support » ne suffit pas à obtenir la nécessaire coopération transversale. Elle peut même avoir l'effet inverse : les tribus hystériques opérationnelles cherchent à s'affranchir des contraintes, des fonctions support, qui, à leur tour, sentant que la maîtrise de la situation leur échappe, vont accroître les mécanismes de contrôle, etc. Tout dépend alors de l'orientation de la direction générale : appuie-t-elle les opérationnels ou les fonctionnels ?

Dans tous les cas, le résultat est le même : l'entreprise souffre d'un manque de transversalité. La coopération ne peut être imposée par les fonctionnels. Aucun projet technique ne pourra redonner au management de la légitimité et du pouvoir. Où est la poule et où est l'œuf ? Les excès des baronnies sont le reflet de l'épuisement d'un centre obsessionnel. Il faut donc injecter de l'hystérie au centre pour régénérer l'entreprise : cela passe parfois par un changement des dirigeants, lorsque la corde est trop usée.

Nous avons rencontré cette situation dans une entreprise internationale du secteur automobile.

> La direction générale souhaite reconfigurer totalement le processus de la prise de commande à la livraison, en s'appuyant sur une application informatique commune. Toute solution de ce type est nécessairement contraignante puisqu'elle impose l'abandon des outils informatisés et adaptés par métier pour un système standard commun. La direction générale se heurte à une vigoureuse opposition des filiales. Celles-ci disposent d'autant plus de marges de manœuvre que la direction générale a, historiquement, peu d'autorité sur elles. L'option obsessionnelle retenue pour la démarche sape la crédibilité de la direction générale. Finalement, la direction en place est débarquée et remplacée par une nouvelle équipe dirigeante, nommée par l'actionnaire. Et le projet d'intégration peut reprendre son cours !

Quand la situation est dégradée, même très légèrement, il est inutile de recourir aux stratégies classiques du changement : les deux parties (dirigeants et salariés) fonctionnent sur des bases erronés, chacun étant prisonnier de son iceberg. Il est capital ici de faire faire un saut à l'entreprise pour réenclencher un cercle vertueux d'apprentissage. Il faut refondre le cadre politique et culturel de légitimité avant de se lancer dans des mesures techniques. La sortie de crise passe nécessairement par la phase 5.

4. Mieux se comprendre

Sensibiliser les salariés au fonctionnement intime de l'entreprise

La lutte contre la rupture culturelle entre le management de proximité et le management intermédiaire passe par la prise de conscience du caractère contingent du style de management. Au management de proximité de se hisser pour comprendre les contraintes de la direction générale. Il est essentiel de passer du temps avec le management local pour terminer complètement le dégel.

Il faut également sensibiliser les dirigeants, le « middle management » et le personnel à ces mécanismes. C'est en montrant leur permanence, indépendamment du comportement des dirigeants, que l'on combattra le déficit de confiance du personnel envers le dirigeant, dans le cadre d'une démarche de responsabilisation de chacun.

En somme, la restauration de la confiance entre dirigeants et salariés nécessite le développement d'une culture de la responsabilité et de la tolérance à l'ambiguïté.

Les points de sortie se dégagent naturellement à partir du moment où les gens, localement, comprennent la logique et les contraintes du management. Ils sont alors capables d'identifier les mécanismes de défense utilisés, de comprendre qu'ils sont infondés et même contre-productifs. Tout ceci implique une démarche interactive.

La seule voie possible à notre sens, consiste à travailler avec les collaborateurs pour leur demander d'où vient leur méfiance. Gratter sous les mécanismes de défense signifie mettre à jour les raisons de leurs crispations. Il est indispensable en effet de leur faire admettre que ce n'est pas parce que le dirigeant ne fait pas ce qu'il dit qu'il n'est pas digne de confiance.

Donc, pour progresser, il faut présenter à chacun dans quelle culture il évolue et les mécanismes de défense que cette culture lui met à disposition. Une fois qu'il fait la différence entre le mécanisme de défense et la réalité, il est mûr pour avancer.

Cette toile de fond que constitue la confiance ne se décrète pas. Elle est inscrite ou non dans les relations entre les acteurs de l'entreprise. On voit qu'il faut que chacun fasse preuve de flexibilité et de tolérance dans son interprétation du comportement de l'autre, tout en cherchant à rendre son comportement aussi prévisible que possible. Il n'y a pas de référent absolu à la confiance. C'est un mécanisme relatif aux capacités du système humain. Moins la confiance est partagée et plus des comportements à la fois de blocage et d'évitement se développeront sur fond de procès d'intention.

Le relationnel se prouve avec le temps : grâce à l'accumulation d'expériences et un processus d'essai et erreur, une certaine culture de la confiance va s'instaurer. Il n'y a pas d'outil ni de solution dorée sur tranche pour cela. Cela signifie aussi que les gens sont malins et se rendent très vite compte, pour la plupart, qu'ils sont instrumentalisés. « Il m'écoute, oui, mais pour obtenir de la performance ! » Voilà le type de réponse auquel vous vous heurterez, si vous chercher à imposer la confiance.

Ainsi, montrer une écoute attentive et être cohérent dans son attitude, persévérer dans son comportement, appliquer le « faire ce qu'on dit », jurer la main sur le cœur que l'on écoute vraiment, tout cela ne suffit pas ! Vous n'avez pas besoin d'afficher une cohérence pour être digne de confiance, au contraire, chacun y décèlera les postures de circonstance. De toute façon, chacun découvrira votre logique. Mais alors, me direz-vous, que faut-il faire ? Restez vous-même !

Un travail d'enquête sur le terrain

Pour progresser, l'équipe de direction doit dresser la liste des incohérences et des informations contradictoires qui lui parviennent des services et des marchés. Les incidents et dysfonctionnements du quotidien constituent un précieux matériau pour réduire toute tentation de minimiser les écarts. Cet exercice est hautement roboratif, car une telle liste permet de déceler les normes convenues et autres figures imposées dont la fonction d'évitement apparaît clairement. De ce travail stimulant, l'équipe de direction sort renforcée, développant un style plus direct qui mobilise les collaborateurs par son authenticité.

Quand la situation n'est pas trop détériorée, une des façons d'éviter le piège du rejet par les identités est d'accompagner le projet par une démarche de type « recueil des meilleures pratiques ». Ainsi peut on enrichir la solution retenue des idées et de savoir-faire des gens du terrain, qui se sentent reconnus et associés à la démarche.

Le dirigeant, façonneur de culture

Les ratages et les blocages, tant au niveau global de la société, qu'au niveau local à l'intérieur des entreprises et des administrations, ont tous le même point d'origine : l'absence de reconnaissance par le dirigeant de l'identité de ses collaborateurs regroupés en tribus.

Il n'y a pas de jugement de valeur dans cette hypothèse qui elle-même se nourrit de constats quotidiens. Sont-ce les dirigeants qui sont distants et sourds aux attentes de leurs équipes ? Pour être dans le coup, on parle à présent d'autisme du dirigeant ! Sont-ce au contraire les collaborateurs qui, en s'abandonnant à une vision étriquée de leurs intérêts, sont la cause de tous les maux ?

Quand sa légitimité est en jeu et quand la culture est au prise de jeux de pouvoir et de mécanismes de défense, le dirigeant doit se positionner en créateur de culture pour se relégitimer et redonner du sens. Donc, il doit s'appuyer sur certains outils de l'hystérie.

Il est indispensable que le dirigeant, et singulièrement le P-DG ou le directeur général, garde toujours une capacité à s'extirper de la machine technocratique, à se « marginaliser » par rapport aux blocs de pouvoirs dominants et donc a se ressourcer dans une posture hystérique.

La coopération ne peut progresser que si la direction générale fait appel aux valeurs fondatrices de l'entreprise, celles qui transcendent tout le monde, et qui sont en résonance avec le mode de fonctionnement intérieur des tribus. Nous avons vu qu'une des caractéristiques de la culture tribale opérationnelle est l'accent mis sur la coopération et l'entraide. Cette opération est gagnante car elle reconnaît les tribus locales tout en les amenant à se dépasser, amenant au niveau du Groupe leurs propres valeurs !

C'est cette inspiration hystérique que l'on retrouve dans les déclarations de Noël Forgeard, P-DG d'Airbus. Estimant que les difficultés de Boeing proviennent principalement d'une approche strictement financière de son activité, N. Forgeard poursuit :

« Ce ne sont pas les structures qui comptent, c'est l'esprit... Si l'élan, la passion et la rage d'être les meilleurs n'existent pas dans les ateliers et les bureaux d'études, vous n'allez nulle part... Les déboires de Boeing (qui a fait de la rentabilité financière à court terme sa priorité) prouvent qu'il ne faut jamais décoller de cette réalité.[1] »

À partir de là, on peut rencontrer les combinaisons de cultures les plus diverses.

Le respect des règles du jeu communes passe par l'affirmation de ces règles de groupes (*reporting*, objectifs de performance, synergie) mais aussi par l'affichage de valeurs régénératrices (équipe, coopération, transparence, par exemple).

Il faut, non pas décréter d'en haut des valeurs de coopération et de confiance pour assurer la nécessaire cohérence, mais partir de valeurs pratiquées au sein des tribus, les identifier, les reconnaître et promouvoir leur partage par l'ensemble de l'organisation.

---

1. *Le Monde* du 16 janvier 2004, interview réalisé par Dominique Gallois.

Résumé

Nous proposons deux outils pour diagnostiquer les lieux de ruptures éventuelles dans l'entreprise. L'un permet d'évaluer le dosage hystérie-obsession et l'autre de situer ce résultat dans le temps, sur un schéma simple d'évolution. Tout déséquilibre culturel fait le lit de la méfiance et des mécanismes de défense. Le diagnostic, ainsi partagé, crée les conditions pour la diffusion d'une culture de tolérance à l'ambiguïté, indispensable au succès de tout projet de changement. Au dirigeant de préciser ou d'instaurer, dans ce nouveau cadre, les droits et les devoirs de chacun.

Résumé de la partie III

Dans un monde en évolution de plus en plus rapide et marqué par la mondialisation, la culture apprenante est la clé de la compétitivité. Apprendre commence par la capacité à identifier les erreurs pour ne pas les répéter.

Les mécanismes de défense sont le principal obstacle à la culture apprenante et donc à la compétitivité de l'entreprise. Chacun voit la réalité en fonction de ses fantasmes. Les entreprises, qui croient optimiser la performance en organisant une course de hochets entre managers et entre salariés, renforcent en fait le recours aux mécanismes de défense. Le comportement des dirigeants, les grands discours et les politiques de ressources humaines aboutissent à une sorte d'infantilisation : tout va bien puisque les convenances sont respectées. Personne n'est vraiment satisfait de cette situation et tout le monde est à la recherche d'un autre idéal.

Tout progrès radical de performance passe par la détection de cette image de la « machine » qui imprègne, à l'insu du dirigeant, les processus de décision.

Conclusion

Le déficit de confiance entre les dirigeants et les salariés est le principal obstacle à la performance des organisations et à l'adaptation aux nouvelles exigences concurrentielles. Mais ce déficit se manifeste aussi au sein du management. Les phénomènes de résistance au changement en sont l'expression courante la plus visible.

Il n'est pas nécessaire de recourir à une lecture marxiste des entreprises pour comprendre ce phénomène. Il n'y a pas non plus les bons, d'un côté, et les méchants, de l'autre. En fait, la cause est systémique.

La direction générale feint de croire que l'entreprise fonctionne comme une machine. Le management, la technostructure ont conçu une organisation, des processus et des règles permettant d'optimiser le résultat pour le client et l'actionnaire. Puisque la machine est bien pensée, on attend des cadres et salariés qu'ils se conforment aux règles et aux directives : bref qu'ils se comportent comme des rouages fiables. Tel est le vœu du manager obsessionnel.

Mais l'individu, salarié ou non, ne se retrouve pas dans ce rôle de rouage. Les systèmes et les processus inventés par les ingénieurs et la technostructure ne peuvent pas résoudre tous les problèmes qu'il rencontre sur le terrain. Loin s'en faut. Il doit faire face aux dysfonctionnements, aux pannes, aux réclamations des clients, aux aléas et incertitudes diverses !

La dynamique se renforce avec le désir mimétique. Pour exister et être reconnu, l'individu a intérêt à montrer que la machine, loin d'être parfaite, connaît de nombreux ratés. Il entame ainsi le narcissisme du manager qui a logé sa fierté dans la belle machine.

Le manager dit : « La machine est parfaite, puisque je l'ai conçue. » Le salarié lui répond : « Il y a des dysfonctionnements, donc j'existe. » Dans ce couple infernal, chacun gagne son droit à l'identité en frustrant l'autre.

La situation est alors verrouillée. Le dirigeant n'a pas intérêt à écouter : en prêtant l'oreille à la remontée des problèmes de terrain, il prendrait le risque d'avouer que la machine n'est pas aussi parfaite que cela ! Et moins il est écouté, moins le salarié se sent reconnu. La pression et les inquiétudes montent.

Personne ne se satisfait du stress et des insatisfactions causées par les dysfonctionnements. Tout cadre ou salarié cherche, en permanence, à régler les problèmes opérationnels qu'il rencontre et, si possible, à les prévenir. Il s'appuie pour cela sur son réseau relationnel, un réseau de personnes capables, auxquelles il peut faire confiance.

Ainsi se met en place un second quiproquo dans l'entreprise. Ce que l'individu prise le plus, ce qu'il investit de sa confiance, son réseau relationnel, échappe à l'organisation : il se développe même « contre l'organisation », pour échapper à ses contraintes. Les campagnes d'information d'entreprise, étroitement balisées par les directions de la communication, sur la clarté de l'ambition stratégique, le caractère avancé des politiques de ressources humaines, l'excellence du leadership laissent cadres et salariés sceptiques. Ils savent, eux, que le papier glacé masque, mal, des réalités plus triviales.

Les tribus opérationnelles, hystériques, se condamnent à la frustration, en exigeant transparence et proximité d'une direction générale qui revendique, sans le dire clairement, sa part de confidentialité pour décider.

Le problème de fond est que le manager obsessionnel nie les écarts entre sa réalité et celle de ses salariés. Et la plupart des consultants ne font rien pour lui dessiller les yeux et améliorer ses capacités auditives ! Dans un étrange ballet d'automystification, le dirigeant appel de ses vœux un consultant qui lui promet « le changement réussi ». Et évidemment, les bonimenteurs talentueux ne manquent pas.

Si certains d'entre eux souhaitent sortir de ce piège coûteux pour avancer sur le chemin du développement, il faut d'abord qu'ils partent du problème de la confiance.

Avec l'internationalisation, le modèle anglo-saxon de management s'affirme comme le modèle de référence. Les entreprises historiquement du secteur public (ou simplement protégées par leur monopole, comme dans l'armement) et du type patrimonial (centrées sur une famille fondatrice stable) évoluent en ce sens.

Dans cette culture anglo-saxonne, l'organisation est bonne en soi, et le management en tire un crédit de légitimité *a priori*. L'organisation et les procédures priment sur l'individu.

Dans le modèle latin, duquel nous participons, la légitimité de l'organisation et de son management, est toujours marquée d'un doute. L'homme reste le point d'ancrage incontournable de la légitimité. D'où la multiplication des baronnies pour le meilleur et le pire : avec elles, les cloisonnements prospèrent. Le baron, chef de clan, tête de réseau tire sa légitimité du fait qu'il facilite le développement des initiatives locales en les protégeant de la centralisation et de l'alignement sur les standards.

Le modèle anglo-saxon, en passant tout au tamis des processus, lamine les marges de manœuvre des barons, et laisse l'individu seul face à une nouvelle forme de bureaucratie contraignante, voire oppressante.

Dans le management, l'obsession gagne du terrain.

La mondialisation fragilise ainsi la confiance, facteur clé de succès dans nos entreprises et augmente le sentiment de vulnérabilité et de stress de chacun.

C'est pourquoi, tout progrès significatif de performance passe par une réflexion des dirigeants sur les fondamentaux de leur légitimité. En commençant, sans doute, par y penser tout haut.

Bibliographie indicative

Organisation et structure (les fondamentaux)

Desreumaux A., *Structures d'entreprise*, Vuibert, 1992.

Lawrence P. et Lorsch J., *Adapter les structures de l'entreprise*, Éditions d'Organisation, 1989.

March J.G., Simon H.A., *Les organisations,* Dunod, 1974.

Mintzberg H., *Structure et dynamique des organisations*, Éditions d'Organisation, 1982.

Approches classiques du changement (pour mémoire)

Grouard B. et Meston F., *L'entreprise en mouvement*, Dunod, 1998.

Kotter J.P., *Leading Change*, Harvard Business School Press, 1996.

Approche politique et sociologique des organisations

Crozier M. et Friedberg E., *L'acteur et le système*, Seuil, Points Essais, 1999.

Crozier M., *La crise de l'intelligence*, Seuil, Points Essais, 1998.

d'Iribarne Ph., *La Logique de l'honneur*, Seuil, 1993.

March J.G., *Décisions et organisations*, Éditions d'Organisation, 1991.

Morin P., Delavallée E., *Le manager à l'écoute du sociologue*, Éditions d'Organisation, 2003.

Dirigeants/Salariés

Pavy G., *La Logique de l'informel*, Éditions d'Organisation, 2002.

Tixier P-E, Ramirez R., Heckscher Ch. et Maccoby M., *La métamorphose des géants*, Éditions d'Organisation, 2004.

Approche psychanalytique et applications

Dolto F., *L'image inconsciente du corps,* Seuil, 1984.

Enriquez E., *Les jeux du pouvoir et du désir dans l'entreprise,* Desclée de Brouwer, 1997.

Freud A., *Le moi et les mécanismes de défense*, Puf, 2001.

Freud S., *Cinq leçons sur la psychanalyse*, Payot, 2001.

Freud S., *Névrose, psychose et perversion,* Puf, 1973.

Freud S., *Totem et Tabou*, Payot, 2001.

Israël L., *L'hystérique, le sexe et le médecin*, Masson 2001.

Kets de Vries M., *Combat contre l'irrationalité des managers*, Éditions d'Organisation, 2002.

Lacan J., *Les écrits techniques de Freud*, Seuil, Points Essais, 1998.

Lacan J., *La relation d'objet, Le séminaire,* Livre IV, Seuil, 1994.

Lachaud D., *L'enfer du devoir*, Hachette, 1995.

Sala F., *Un psy chez les DRH*, Éditions d'Organisation, 2004.

Zaleznik A., *Les ressorts de l'action*, InterÉditions, 1993.

Culture et apprentissage

Argyris Ch., *Savoir pour agir,* Dunod, 2003.

Argyris Ch., *Apprentissage organisationnel*, De Boeck, 2001.

Peyrefitte A., *Le mal français*, Plon, 1976.

Reitter R., *Cultures d'entreprises*, Vuibert, 1991.

Schein E.H., *Organisational culture and leadership*, Jossey Bass, 1997.

Illustrations et cas concrets

Bébéar C., Manière Ph., *Ils vont tuer le capitalisme*, Plon, 2003.

Bibliographie indicative

Gohsn C. et Riès Ph., *Citoyen du monde*, Grasset, 2003.

Orange M. et Johnson J., *Une faillite française*, Albin Michel, 2003.

Autres regards sur l'humain

Girard R., *La violence et le sacré*, Hachette Littératures, 1998.

Watzlawick P., Weakland J.H., Fisch R., *Changements*, Seuil, Points Essais, 1981.

www.ingramcontent.com/pod-product-compliance
Lightning Source LLC
Chambersburg PA
CBHW061217220326
41599CB00025B/4666